Eine redhouse/Putzas Produktion:

Jan Putzas

»Milch oder Tee zum Frühstück?«

»Ein Glas Wein bitte.«

Eine Aufregung

Zu diesem Buch

Jan Putzas als Betrachter seines Daseins und seiner Umgebung: alltägliche Situationen, kuriose Ereignisse, familiäre Zusammenkünfte, freundschaftliche Unternehmungen. Ständig kommt es zu Begegnungen, über die man sich freut oder sich bissige Kommentare verkneift, um der Etikette Genüge zu tun. Die Geschichte von einem, der ausspricht, was in ihm lodert – weil es oft besser ist, die Gedanken kundzutun, selbst wenn sie nicht immer »très chic« sind - und die Story vom schreibenden Schrauber, der loszog, um Autor zu werden.

Der Autor

Jan Putzas, 1975 in Lutherstadt Eisleben geboren, ist gelernter Kfz-Techniker-Meister, unterrichtet an einer Berufsschule und arbeitet als Fernsehmoderator. Er publiziert seit 2013 humoristische Belletristik und ist Mitbegründer des 2018 ins Leben gerufenen Literaturwettbewerbs *Karoline von Humboldt*. 2020 gründete Putzas den *redhouse verlag*. Vorliegendes Werk ist die vierte Buchveröffentlichung des Autors.

Jan Putzas

»Milch oder Tee zum Frühstück?«

»Ein Glas Wein bitte.«

Eine Aufregung

Autor: Jan Putzas
Covermotiv: Heike Wolff
Lektorat: Dana Zimmer; Carina Putzas

Verlag: redhouse, Hettstedt
ISBN: 978-3-9821875-0-1
info@redhouse-verlag.de
Druck und Verarbeitung: tredition GmbH, Hamburg

Inhalt:

Vorspann! Kaffee- und Sushihausgeschwätz

»Also Moskau, Russland, finde ich voll super«, stelle ich fest, während ich mit einer Furikake Salmon Rolle kämpfe, die partout nicht zwischen meinen Stäbchen hängenbleiben will. Virtuose, der ich bin, benutze ich eines der Hölzer als Speer, bringe das Essen zur Strecke und schleudere es mir in den Mund.

Es ist irgendein Samstagabend im Frühjahr 2019 und meine Frau, meine Schwester und ich sitzen in der Händelstadt Halle im Restaurant *Sakura* und stopfen delikate Sushikreationen in uns hinein. Junior verbringt das Wochenende bei meinen Eltern, wir haben also frei und meine Schwester ist zu Besuch bei uns. Deswegen habe ich die beiden, spendabel wie ich bin, kurzerhand zum Essen eingeladen. Na ja, außerdem wollte ich mit dem neuen BMW übers Land jagen, den ich mir von den fetten Tantiemen meines letzten Buches gekauft habe. Haha schön wär´s. Eigentlich ist das Auto ein 18 Jahre alter Garagenfund, der von seinen Vorbesitzern nur selten bewegt wurde, deswegen relativ wenig Kilometer auf der Uhr hat und ich ihn, Vorsicht, jetzt kommt ein Klischee der Kategorie abgedroschen, wie die Witze eines grottigen Dorfschallplattenunterhalters: »Wie aus dem Ei gepellt!«, vorfand. Und weil meine ach so *immense* Schriftstellernebenkohle nicht ausreichte, schoss die zugeneigte Schwester einen Teil des Kaufpreises zu. Egal, das Essen im *Sakura* ist wirklich gut.

»Ja, mir gefällt es in Moskau auch«, erwidert meine Schwester und nippt anschließend an ihrem Wein.

Nachdem sie die letzten paar Jahre in Duschanbe, der Hauptstadt von Tadschikistan, zubrachte, steht nun Moskau auf dem Plan, wo sie mittlerweile schon sechs Monate lebt und wir sie dort auch schon besucht haben.

Man fragt sich vielleicht, was sie um Himmels willen in Tadschikistan getrieben hat. Einer Gegend, die bei den Investoren noch hinter Somalia angesiedelt ist und man als Europäer, nördlich der Linie, zwangsläufig denkt: *Tiefer geht es nicht!*

Doch, geht es. Tja, ich habe keine Ahnung, was sie genau in Tadschikistan veranstaltet hat, irgendetwas für das Auswärtige Amt. Vermutlich war sie Auftragsmörderin oder so.

»Nach Moskau wolltest du doch sowieso, oder nicht?«, fragt meine Frau als Nächstes.

»Ja, stand damals ganz oben auf meiner Liste. War aber dieses Mal eine kurze Liste. Lediglich fünf Städte«

»Weshalb eigentlich nur so wenige?«, frage ich. »Bist Du negativ aufgefallen, oder was?«

»Na klar«, entgegnet meine Schwester. »Was denn sonst?«

»Zieh ihm doch einfach ein paar rein, wenn er dir auf die Nerven geht«, schlägt meine holde Gattin vor und klimpert dabei angriffslustig mit ihren Stäbchen vor meiner Nase herum. Als sie mit ihrem Ausdruckstanz fertig ist, spitze ich die Lippen und gebe ihr einen Kuss.

»Die Liste war deshalb nur kurz«, fährt meine Schwester fort, »weil dieses Mal Stellen für mich und Malvin gefunden werden mussten.«

»Ach so, stimmt ja«, sage ich. »Du warst ja nicht allein.«

Malvin war damals der Lebenspartner meiner Schwester und Chefhausmeister im Amt. Oder die »Technische Leiterplatte«, wie der ein oder andere ihn zu nennen pflegte.

»Was stand eigentlich alles auf der Liste?«, frage ich weiter.

»Moskau, Kiew, Sarajevo, Kosovo und Jerewan«, zählt meine Schwester auf.

»Jerusalem. Cool«, sage ich.

»Nicht Jerusalem«, korrigiert sie. »Jerewan.«

»Na ist das nicht das Gleiche?«, frage ich. »Nur in einer anderen Ausdrucksweise? So wie Paris und Parie oder London und Landon oder Moskau und Moskwa oder Helbra und Hälwer.«

»Nein«, widersetzt sich jetzt meine Frau dieser Theorie. »Jerusalem ist in Israel und Jerewan ist, glaube ich, die Hauptstadt von Armenien.«

»Echt?«, frage ich und sehe zu meiner Schwester, worauf diese zustimmend nickt. »Und ich dachte immer, Radio Jerewan ist eine Rundfunkstation in Jerusalem.«

»Hilfe, bist du doof!«, sagt meine Schwester und schlägt sich währenddessen synchron, wenn ich das richtig erkenne, mit ihrer Schwägerin die Innenseite der flachen Hand vor die jeweilige Stirn.

»Also wenn Malvin solche Granaten raushaut«, feixt sie anschließend, »dann kann ich das ja noch verstehen. Der kommt aus den alten Bundesländern und weiß es nicht besser, weil die keine großen Freunde unterm roten Stern hatten. Aber du?« Sie schüttelt mit dem Kopf. »Hattest alle Voraussetzungen und sieh an, was aus dir geworden ist!«

Danach stößt sie mit meiner Frau an und die beiden trinken einen Schluck Wein. Da halten sie zusammen, die »Weiber«.

»Ja, ja. Schon klar«, sage ich und winke ab. »Aber lassen wir das mal beiseite. Also war es im Endeffekt so, dass auf der Liste ganz oben Moskau und mit gehörigem Abstand weiter darunter viermal: *Kacke, wer will denn dahin?* stand. Sehe ich das richtig?«

»Warst du schon mal in einer dieser Städte?«, fragt meine Frau und hebt dabei tadelnd eine Augenbraue.

»Nö«, antworte ich. »Muss ich das denn, um mir ein Urteil zu bilden?«

»Im klassischen Sinne schon«, äfft meine Schwester. »Aber in deinem Fall machen wir eine Ausnahme und verbuchen das Ganze in der Rubrik: Typische Ressentiments eines Dorftrottels.«

»Also ich war zumindest schon in Kiew, was die Liste betrifft«, erzählt meine Frau. »Das ist allerdings beinahe 30 Jahre her und damals war die Stadt grau und ziemlich hässlich. Mittlerweile hat sich bestimmt vieles geändert, so wie das mit den meisten Städten bei uns in Ostdeutschland auch der Fall ist.«

»Wieso sagt eigentlich fast jeder prinzipiell erstmal: *Der Russe*!«, nehme ich den ursprünglichen Gesprächsfaden nach einer kurzen Weile der Ruhe und des Kauens wieder auf. »Ich meine, die Sowjetunion war riesig und das waren doch nicht alles Russen. Laut einiger der heutigen Kabarettisten und ein paar Rentnern, die den letzten Weltkrieg noch erlebt haben, ist *der Russe* der, der früher immer bei uns vor der Tür stand. Wichtig, im Singular. Nicht die Russen standen vor der Tür, sondern *der Russe*. Wahrscheinlich, weil er die ganze deutsche Übermenschenherrlichkeit eines Tages zum Kotzen fand und dem dritten 1000-jährigen Reich schon mal nach läppischen zwölf Jahren ein Ende setzte oder, wie es die Alten meistens formulieren: ′Hier alles kaputt gekloppt hat!′ Dass die allerdings vergessen haben, dass der Deutsche in erster Instanz schon ein paar Jahre vorher *beim Russen* vor der Tür stand und bei dem ′Alles kaputt gekloppt hat!′, ist wahrscheinlich Altersdemenz oder plötzlich eintretender retrograder Amnesie geschuldet.«

Es kommen keine Reaktionen der Damen. Ich überlege kurz, dann rollt er weiter, der Monolog, oder anders formuliert, der Frage- und Antwort- Reigen mit mir selbst.

»Und wo kam er eigentlich her, *der Russe*?«

An dieser Stelle ploppt unerwartet und geisterhaft ein asiatischer Kellner neben mir auf, was mich an eine Szene aus irgendeinem James-Wan-Horrorfilm erinnert.

Mit der dämonenhaften Stimme eines Individuums kurz vorm Exorzismus - hier stellt man sich am besten Loki Schmidt, falls man noch weiß, wer das war, (wenn nicht, das war die Frau von Altkanzler Helmut Schmidt, der so unvergessene Weltklassesprüche herausgehauen hat, wie: »Wenn ich Visionen habe, gehe ich zum Arzt!«, und meinte eigentlich Halluzinationen.), nach dem Verzehr von zwei Litern Bohnenkaffee und einer Stange Zigaretten zum Frühstück vor – rasselt der Gruselkellner folgenden Text heraus: »Lussland ist mit 17 Millionen Quadlatkilometeln flächenmäßig del glößte Staat del Welt, del gleichzeitig in Eulopa und Asien liegt. Die Gebilgskette des Ulals bildet die natülliche Glenze zwischen beiden Kontinenten. Zwei Dlittel del lund 144 Millionen Einwohnel Lusslands leben westlich des Ulals auf eulopäischel Seite. Hauptstadt ist Moskau.«

Als er fertig ist, sieht mich der Kellner an und verleiert die Augen. Anschließend hält er sich seinen Zeigefinger so, als dünke es ihm, sich damit zu erschießen, seitlich an die Stirn und schüttelt gleichzeitig den Kopf. Vermutlich will er mir so zu verstehen geben, dass diese Szenerie an Plattheit nicht zu unterbieten ist. Danach verschwindet die Erscheinung so unerwartet, wie sie aufgetaucht ist.

»Äh, habt ihr das gerade auch gesehen?«, frage ich die Frauen erschrocken, während ich mir die Sehorgane reibe.

»Was meinst du?«, entgegnet meine Schwester und zuckt die Schultern.

»Ach nichts«, antworte ich eine Spur zu hastig.

»Dann guck nicht schon wieder so blöd«, sagt meine Frau.

Ich leere meine Flasche japanischen Biers der Marke *Kirin* in einem Zug und versuche, mich zu beruhigen.

»Oder hör auf zu saufen«, mahnt meine Schwester. Beide Grazien grinsen so bösartig, dass ich mir sicher bin, sie haben den Kellner doch gesehen, wenn nicht sogar herbeigerufen. Ich behalte diese Gedanken lieber für mich, fummle stattdessen mein Telefon aus der Hosentasche und tippe eine Nachricht in Frageform auf die virtuelle Tastatur. Anschließend drücke ich auf das Symbol zum Absenden. Keine zehn Sekunden später, während sich meine Frau noch darüber aufregt, dass ich dieses Scheißding, wie sie mein Handy zu nennen pflegt, wegpacken solle, weil sie es sonst in der *Tom-Yum-Gung*-Garnelensuppe der links von ihr sitzenden, fremden Futterfließbandnachbarin versenken würde, brummt mein Smartphone bereits und ich erhalte eine Antwort. Ich schiele auf das Display und sage: »Also Towarisch Penkov ist der Ansicht, Russland sei aus der Kiewer Rus entstanden. Einem mittelalterlichen Großreich.«

»Dies gilt doch allgemein als russische Entstehungsgeschichte«, formuliert meine Schwester, »Und wer ist Towarisch Penkov?«

»Ex-KGB«, erwidere ich gelassen und wippe meinen Kopf ein paar Mal von links nach rechts, weil ich leichte Verspannungen im Nacken- und Schulterbereich verspüre.

»Na klar!«, sagt meine Schwester und verzieht ihr Gesicht zu einer Grimasse, »Wer soll das auch sonst sein?«

»Nicht hinhören«, flüstert meine Frau kopfschüttelnd zu ihr und grinst dabei. »Einfach bloß nicht hinhören.«

Ich ignoriere das Gesagte der Damen und äußere hingegen: »Also, ich habe in einem Bericht gesehen, Russland wurde von Wikingern gegründet.«

»Wikinger?«, fragt meine Schwester in ungläubigem Tonfall.

»Ja«, sage ich. »Die sollen aus dem Norden über die Flüsse gekommen sein.«

»Mit Booten?«

»Nee, mit Volvos. Na klar mit Booten!«, feixe ich.

Ihr Mittelfinger schnellt nach oben. Diese Performance hat sie echt drauf. Da macht ihr keiner etwas vor.

Das Essen im *Sakura* ist in der Tat mehr als genießbar. Sicher, es gibt Leute, die haben immer etwas zu bemängeln. Zu denen gehöre ich aber keineswegs.

Ich bin dahingehend ziemlich einfach gestrickt. Ich war mal Zeuge eines Gespräches auf irgendeiner ländlichen Party im südlichen Harz. Da wurde geäußert, dass die Qualität im *Sakura* deutlich nachgelassen habe und es mittlerweile lediglich einer gewöhnlichen Massenabfertigung gleiche. Und dreckig wäre es. Das gehe gar nicht!

»Was nehmen Sie denn da als Referenz?«, fragte ich damals den mir fremden bornierten Herren, dessen Bodymaßindex weit über 30 lag, was dazu führte, dass seine mit simplem Windsorknoten schlecht gebundene Krawatte nur bis kurz über Höhe des Bauchnabels reichte. Jedenfalls sah er mich daraufhin etwas verkniffen an, weil er mit derlei Frechheiten wohl nicht gerechnet hatte.

»Ah«, sagte ich, grinste und zeigte augenzwinkernd mit einem Finger auf ihn. »Wenn Sie natürlich das *Satsuki* in New York City meinen, dann muss ich Ihnen recht geben. Aber die beziehen ihre Zutaten auch direkt vom *Tsukiji*-Markt in Tokio. Da ist es immer schwer, für andere Restaurants mitzuhalten.« Ich unterbrach mich für eine kurze Pause, um an meinem Heineken zu nippen, dann fuhr ich fort: »Oder meinen Sie das *Douzo* in Boston? Da ist es natürlich auch nicht schlecht. Da muss ich Ihnen ebenfalls recht geben. Dort ist es auch besser als im *Sakura*.«

»Ich war weder in dem einen noch in dem anderen«, presste zu kurzer Schlips sichtlich genervt zwischen seinen geschlossenen Zähnen hervor.

»Ach, das macht doch nichts«, sagte ich. »Aber ich dafür in beiden.« Dann lächelte ich bösartig, klopfte dem Mann auf die Schulter und fügte noch an: »So, und jetzt entschuldigen Sie mich bitte. Ich werde mich mal dort rüber gesellen. Ich glaube, da läuft eine interessante Diskussion über Kreisliga-Fußball.«

Ja ja, ich weiß, das war natürlich ganz schön überheblich von mir, aber ich kann es nun mal nicht leiden, wenn einer ständig etwas am Essen herumzumeckern hat, als sei er der weltgewandteste Gourmet auf der kompletten Erdscheibe. Selbst, wenn er recht haben sollte.

Auf jeden Fall wirbt das *Sakura* in Halle in großen Lettern mit seinem Sushi-Meister. Dieser hat wohl schon einige Promis gekocht. Äh, ich meine bekocht. Obwohl, Promis kochen in einem anderen Sinn, als dass diese etwas dümmlich in eine Kamera lächeln und stundenlang irgendetwas in einem Kochtopf zusammenrühren, sondern selbst gekocht werden, ist für den ein oder anderen bestimmt eine nette Spielerei.

Ich stelle mir spaßeshalber vor, wie Sushi-Schiffchen aus den Resten von Leonardo DiCaprio, Brad Pitt oder Johnny Depp vorbeigondeln und ständig heruntergerissen und verspeist werden. Das ist durchaus einleuchtend, denn bei diesen Promiköstlichkeiten werfen sämtliche Damen im Raum ausnahmsweise ihre ganzen Diätvorsätze und Schlüpfer über Bord und langen ordentlich und großzügig hin.

Schiffchen, Tellerchen und Schälchen mit in Nori-Blättern eingewickelter Häppchen der gegarten Till Schweiger, Matthias Schweighöfer oder Daniel Brühl sind ebenfalls meistens leer. Aber das liegt hauptsächlich daran, dass es einfach zu viele der kleinen Portionen gibt. Ich beobachte, dass sie hauptsächlich von Männern vertilgt werden. Und denen ist es ja bekanntlich meist egal, was sie in sich hineinstopfen. Und was weg muss, muss eben weg. Hauptsache es ist halbwegs genießbar, macht nicht so schnell satt und sorgt für einen geschmeidigen drei Pfund Stuhl.

Gondeln mit Fähnchen von Harald Juhnke und Manfred Krug sollen wohl ein makabrer Scherz des Sushi-Meisters sein. Sie ziehen unberührt und total überladen vorbei, denn hier ahnt selbst der besoffenste Gast am Futterfließband, dass diese unmöglich frisch sein können.

Der Sushi-Meister beugt sich klandestin, also konspirativ oder auch heimlich zu mir herüber und erzählt hinter vorgehaltener Hand, dass seine exotischen Kreationen aus einigen deutschen C-Promis und botoxverseuchten Anlagebetrügern sofort wieder von der Geschäftsleitung von der Speisekarte gestrichen wurden, weil diese partout keiner fressen wollte. Dann lacht er dreckig und wirft noch hinterher: »Mal abgesehen von einer Handvoll Revolverjournalisten. Die haben sich draufgestürzt, wie ein Besoffener auf den Hering.«

Ich lache mit und der Meister und ich stoßen eine Faust zusammen.

Durch einen Schmerz in der Rippengegend werde ich rüde in die Realität zurückkatapultiert. Ich registriere meine Frau, die mir wohl einen Ellenbogencheck verpasst hat.

»Sag mal, hast du eine Fischvergiftung oder was?«, fragt sie.

Ich reibe mir die schmerzende Stelle meines Oberkörpers und maule zurück: »Nö, wieso? Und warum hast du das gemacht?«

»Na vielleicht deswegen«, antwortet meine Schwester anstelle meiner Frau, »weil du völlig apathisch in die Gegend gestarrt hast und alle fünf Sekunden gekichert hast, wie ein degenerierter Vollhonk.«

»Wir wussten nicht genau«, ist meine Frau jetzt wieder an der Reihe, »ob wir einen Notarzt oder die Polizei rufen sollten.«

Ich will mich gerade mit einer adäquaten Geste bei Eheweib und Schwester für die Rettung bedanken, als ich vor Schreck erstarre und es gerade noch schaffe, völlig gequält, ein einziges Wort herauszupressen: »Hilfe!«

Die Gründe dafür sind zwei männliche Gestalten, die auf der gegenüberliegenden Seite des Sushibandes Stellung beziehen und etwas mit sich herumschleppen, das man, glaube ich, Dutt nennt. Oder, um es hipp auszudrücken: »Man Bun«

Mein erster Gedanke ist: *Na ja, vielleicht soll das ja so eine Art Respektbekundung für den berühmten Sushi-Meister sein, dass die beiden sich frisurentechnisch verkleiden wie zwei Samurai.*

Der Meister dagegen scheint dieses Kaspertheater eher als Beleidigung aufzufassen. Zumindest sein Gesichtsausdruck, der so wirkt, als hätte sich jemand klammheimlich am Harald Juhnke-Schiffchen vergriffen, lässt diese Vermutung aufkeimen.

Ich meine, hey, ich habe normalerweise nichts gegen modische Trends. Aber da, wo sie hinpassen bitteschön. Wenn der Profifiedler David Garrett so ein Ding auf dem Kopf trägt, dann denkst du dir: *Okay, der Typ ist prominent, Influencer oder irgend so ein Scheiß.* Und die Mädchen sagen Dinge wie: *»Männerdutt, ich weiß nicht, aber dem steht das total und sieht voll süß aus.«*

Oder anderes Beispiel. Ich war mal mit meiner Frau auf einer Hochzeit eingeladen. Der Bräutigam konnte eine ziemlich dicke Haarmähne sein Eigen nennen und da haben die dem auch so einen Knoten gebunden. Dies sah in Verbindung mit seinem schicken Paisley-Seidenanzug gar nicht mal schlecht aus. Vor allem auf den Hochzeitsbildern. Und das war wohl auch Sinn und Zweck der Sache. Hatte etwas von einer Hochglanzkatalog-Fotosession. Und auch bei meinem einen Lehrerkollegen sieht das Ding nicht übel aus, muss ich zugeben. Oder noch ein anderes Exempel. Wenn eine Bande von irgendwelchen geistesgestörten Sekten-Heinis, im Jutesack gekleidet, sich an den Händchen haltend Ringelreihen um eine steinerne Swastika herumtanzt und den Außerirdischen zuruft: »Bitte, kommt zurück und holt uns ab!«, dann finde ich den Dutt sogar bei männlichen Wesen durchaus standesgemäß, um nicht zu sagen: *Hipp.* Auch dann, wenn sich meinem primitiven Geist der Sinn nicht ganz erschließt.

Aber das, was ich hier in kurzer Entfernung vor mir sehe, sind zwei schlecht gekleidete Trolle mit Haarknoten auf den Schädeln, die sich vermutlich in der Adresse geirrt haben, denn die Dönerbude ist woanders.

Was dieser Tragödie, die sich gerade abspielt, allerdings die Krone, um nicht zu sagen, den Haarkranz aufsetzt, sind zwei grazile weiblichen Schönheiten, die neben den Kreaturen auftauchen, die beiden innig küssen und dann zusammen Arm in Arm an einem der hinteren Tische verschwinden.

Und alles, was ich tun kann, ist zu beten, zu flehen, die Götter zu beknien*: »Oh bitte, bitte, lasst die beiden Mädchen eine interne Wette laufen haben.«*

So ähnlich, wie wenn früher einer die Hässlichste im Saal penetrieren durfte, weil er beim Armdrücken oder Schwanzvergleich verloren oder den Kürzeren gezogen hatte. Aber in diesem Fall hier eben geschlechtertechnisch umgedreht und mit anderen Wettvoraussetzungen.

Ja ja, ich weiß, Sokrates hat einmal gesagt: »Ein starker Geist diskutiert Ideen. Ein durchschnittlicher Geist diskutiert Ereignisse. Ein schwacher Geist diskutiert Leute.«

Na und? Bin ich eben ein schwacher Geist. Aber `Leute diskutieren´ macht nun mal am meisten Spaß. Und jeder, der etwas anderes behauptet, ist in meinen Augen nichts weiter als ein verdammter Heuchler!

Ich wende mich wieder meinen Damen zu und sage: »Azog der Schänder hätte in so einer Situation gebrüllt: »Männerdutt? Auf's Maul!«

»Wer ist Azog der Ständer?«, fragt meine Schwester und runzelt die Stirn.

»Nicht Azog der Ständer«, antworte ich. »Azog der Schänder.«

»Wer soll das sein?«

»Der weiße Ork aus den Hobbit-Filmen.«

»Kenne ich nicht, habe ich mir nie angesehen.«

»Er meint damit seinen Kollegen«, fügt meine Frau ein. »Das ist der, der im Betrieb die ganze Arbeit macht, während dein Bruder aus dem Fenster starrt, Monologe hält oder sinnlos in der Gegend hin und her läuft. Außerdem sorgt er bei seinen Buchlesungen dafür, dass das Publikum nicht abhaut.«

»Okay, wir haben also geklärt, wo *der Russe* herkommt«, lenke ich ab und versuche den früheren Gesprächsfaden wieder aufzunehmen.

»Du hast das geklärt«, entgegnen die Frauen im Bunde. »Nicht wir.«

»Ist doch egal«, wehre ich ab. »Heutzutage ist *der Russe* für mich, und das meine ich absolut positiv, zum Beispiel mein Kumpel Juri.« Anschließend überlege ich kurz laut: *Obwohl ich auch gar nicht so genau weiß, ob der wirklich aus Russland kommt.* »Na wie auch immer«, fahre ich fort. »Jedenfalls hat Juri in unserem Haus die Bäder gekachelt, den Stuck im Esszimmer an die Decke gezaubert und mir freudestrahlend ein uraltes Foto unseres Hauses aus den Vierzigern des vorigen Jahrhunderts geschenkt.«

Dann erzähle ich, dieses habe Juri irgendwo zufälligerweise entdeckt und unser Haus darauf sofort erkannt. Und das, obwohl auf dem Foto eine Horde Nazis in Front vorbeimarschiert. »Und wo findet man denn solche Zeitzeugnisse heutzutage noch?« Dann muss ich lächeln und sage: »Seine Frau Tatjana hat mir mal auf einer Feier berichtet, sie werde von ihrem Fitnesstrainer verfolgt.«

»Und?«, fragt meine Schwester mit entsetzter Stimme. »Wie ist die Sache ausgegangen? Hat die Polizei eingegriffen?«

»Quatsch«, sage ich, »so ein Blödsinn. Juri und sein Schwager haben den Typ erschossen und dann ins Fundament von einem ihrer Häuser gerührt.«

Meine Schwester sagt darauf nichts und ringt wohl mit sich, ob sie mir die Geschichte glauben soll. Meine Frau beendet den Unfug schließlich mit den Worten: »Das stimmt doch gar nicht, das war alles ganz anders. Tatjana hat eigentlich gemeint, ihr Fitnesstrainer verfolgt sie auf Instagram. Er ist also ihr Follower und nicht etwa ein Stalker oder irgend so ein Freak.«

»Ich kenne die Geschichte total anders«, sage ich grinsend, während ich mir kryptisch über den Bart streiche.

Keine Ahnung, ob das Wort kryptisch hier reinpasst, aber es verleiht dem Satz einen guten Klang und deswegen habe ich recht!

»Na gut«, sagt meine Schwester in meine Richtung, »dann bist du ja eigentlich auch *ein Russe*.«

»Wieso das denn?«, frage ich.

»Unsere Vorfahren väterlicherseits kamen aus Litauen«, antwortet sie.

»Stimmt«, sage ich, denn es fällt mir auch wieder ein. »Und Litauen war mal Teil der Sowjetunion.«

»Übrigens hat unser Nachname sogar in Griechenland eine Bedeutung, hat mir eine Kollegin aus Athen erzählt«, berichtet meine Schwester weiter.

»Ja? Was denn für eine?«, fragt meine Frau jetzt.

»Schwanz«, antwortet meine Schwester und lacht.

»Schwanz?«, frage ich. »Also im Sinne von Penis, oder was?«

»Ja«, sagt sie.

»Also, wahrscheinlich im Sinne des englischen *Dickhead*«, schlägt meine Frau vor. »Was wortwörtlich Schwanzkopf und sinngemäß Schwachkopf oder Vollidiot bedeutet.«

Dann flüstern sich die beiden Frauen etwas in die Ohren, deuten dabei in meine Richtung und kichern albern.

»Ach, haltet doch die Klappe«, sage ich, muss jedoch selbst grinsen. »Ihr habt doch eindeutig zu viel getrunken!«

»Gut, hätten wir das auch geklärt«, sagt meine Schwester, während sie ausgiebig gähnt und sich von ihrem Stuhl erhebt. Dann sieht sie zu mir und wirft hinterher: »Und jetzt guck nicht so dämlich und bezahl die Rechnung! Wir wollen los.«

Nachdem wir in meinem Fahrzeug sitzen und schon eine Weile unterwegs sind (und jetzt kommt ein verdammt langer Schachtelsatz), fragt mich der Typ im schwarzen *Armani Uomo* Anzug, in dessen Dienstausweis Towarisch Penkov steht und der seit meiner SMS an ihn, vorhin im Restaurant am Auto gewartet hat, jetzt neben mir auf dem Beifahrersitz thront und seit ein paar Wochen immer mal plötzlich in meiner Nähe auftaucht, wie es ihm passt, weil er mich angeblich wegen einiger unschöner Vorfälle beurteilen müsse, an denen ein paar Freunde und ich vor zwei Jahren in Tadschikistan beteiligt gewesen sein sollen (unter anderem ginge es wohl um Nacktbaden in einem öffentlichen Springbrunnen vor der Nationalbibliothek in der Hauptstadt Duschanbe und um den für einige Instanzen zweifelhaften Inhalt meiner letzten

Veröffentlichung) und der ständig ein Diktiergerät in der Hand, eine neun Millimeter *Jarygin 6P35* Pistole im Schulterholster und eine Flasche *Stolichnaya elit* Vodka, inklusive zweier Gläser, in einem Aktenkoffer bei sich trägt: »Worum geht es eigentlich in ihrem nächsten Buch?«

Deshalb gebe ich Penkov neben mir und den beiden Damen auf den Rücksitzen, denen Penkovs Auftritt nach wie vor melonengroße Glubschaugen und eine Art Duldungsstarre bereitet, einen groben Überblick, indem ich anfange zu erzählen...

1. Weisheiten eines Prachtkerls

Während eines Moskauaufenthaltes erörterte ich eines Tages, ich glaube, es war in der Metro sitzend, mit meiner Frau und meiner Schwester, was unser Junior, der selbstverständlich ebenfalls anwesend war, mit seinen damaligen drei Lenzen, in letzter Zeit bereits für verbale Granaten heraus gehauen hatte. Dieser stellte natürlich seine Lauscher auf maximales Lautstärkeaufnahmevermögen, damit er bloß nichts verpasste, und hörte interessiert zu.

Da war diese Geschichte, als er uns einmal freudestrahlend verkündete, dass er Pocknock mit Salz lieber mochte, als süßes Pocknock. Also Pocknock gleich Popcorn.

Oder als er einmal aufgeregt und wild mit den Armen herumfuchtelnd bei uns durch den Garten flitzte und ständig: »Legoschwanz, Legoschwanz!«, rief. Das ging einige Tage so. Den Begriff hatten meine Frau und ich noch nie gehört und uns war auch nicht bekannt, dass der besagte Hersteller dieser Plastiksteckbausteine etwas Ähnliches im Programm hatte. Nach längerem Nachforschen, intensiver Recherche und Studium seiner Performance kamen wir dann irgendwann darauf, was Junior meinte. Nämlich nicht den »Legoschwanz«, sondern das Luke-Skywalker-mäßige »Laserschwert«.

Ein Jahr später antwortete er an einem Sonntagmorgen auf meine Frage, ob er denn Milch oder

Tee zum Frühstück trinken wolle, mit: »Ein Glas Wein bitte, Papa!«, und ich habe echt keine Ahnung, wie er darauf kam.

Juniors Lieblingsplüschtier ist übrigens ein kleiner Stoffigel. Von ihm genannt: »Der Igie.«

Wegen dieses Igies musste ich öfter schon so manche zusätzliche Autofahrt in Kauf nehmen, weil er irgendwo vergessen wurde und seine abendliche Nichtgesellschaft jedes Mal eine Tragödie bei uns auslöste. »Ich kann ohne *Den Igie* nicht einschlafen«, hieß es da aus tränenüberströmten Augen oder: »Ich werde *Den Igie* niemals nie wiedersehen.«

Was macht man da als liebende Eltern? Natürlich rief man dort an, wo man zuletzt war, und hoffte, dass *Der Igie* dort irgendwo herumsaß. Das tat er dann zum Glück immer, also setzte ich mich in mein Auto und holte ihn ab.

Eines Tages brachte ich Junior, wie jeden Morgen, kurz nach halb acht in die Kita. Er saß wie immer auf meinen Schultern, damit er einen besseren Rundumblick hatte, und rief plötzlich aufgeregt: »Papa, da vorn liegt ein Igie auf der Straße.«

Dieser war natürlich im Zustand eines überfahrenen Pizza-Kartons samt Inhalt, was Junior zu intensiver und investigativer Fragestellung veranlasste.

»Papa, hat der Igie nicht nach links und rechts geguckt, bevor er über die Straße gelaufen ist?«

Ich: »Nein, hat er wahrscheinlich nicht, der arme Igie.«

Junior: »Ach Papa, sei nicht traurig. Da kommt bestimmt nachher einer mit einer Pumpe und bläst den Igie wieder auf.«

24 Stunden später ein ähnliches Szenario. Junior saß auf meinen Schultern und suchte aufmerksam die Straße ab.

»Papa, der Igie ist nicht mehr da«, rief er freudestrahlend nach einer Weile. »Ich hatte gestern recht.«

Wir liefen zehn Meter weiter und dann kam die große Enttäuschung.

»Oh nein, jetzt liegt er da vorn. Papa, ich glaube, der ist tot!«

Szenenwechsel: In Moskau auf dem schneeweißen Wintermarkt des Roten Platzes begegneten wir einem Schwarzen Weihnachtsmann. Einem in ein blutrotes Kostüm gesteckten afrikanischen Väterchen Frost. Zu diesem hatte Junior zum Glück nichts in seiner unnachahmlich kindlichen Direktheit gesagt. Den hatte er einfach nur mit offenem Mund und ausgestrecktem Zeigefinger angestarrt. Wahrscheinlich aufgrund der märchenhaften und wie aus einem seiner Zeichentrickfilme stammenden Kontraste.

Apropos Väterchen Frost oder Väterchen Bifrost: Ich finde es super, dass in den ganzen Avengers-Filmen und den dazugehörigen 5000 Ablegern plus minus Superhelden jedweder Couleur und Gesinnung mitspielen. Thor, Black Panther, Iron Man, Loki, Hulk, Spiderman, Hawkeye, Falcon, die sexy Black Widow natürlich und wie sie alle heißen. Auf jeden Fall für alle etwas dabei. Auch, dass im Marvel Universum die Schwarzen Wissenschaftler den Weißen überlegen sind, geht für mich irgendwie in Ordnung. In meinen Augen die gerechte Antwort auf viele Jahrhunderte der Unterdrückung und Ausbeutung. Obwohl spätestens an dieser Stelle so mancher »*Professor-Doktor-Rassentheoretike*r« ein nervöses Zucken in den Augen bekommt.

Aber ich weiß nicht, irgendwie ist der Black Panther trotzdem ein Zeichen der Apartheid. Bloß eben anders herum. Da ist ein afrikanischer Superheld namens Black Panther und in dem Film spielen auch fast nur Schwarze mit. Black Panther ruft: »Wakanda über alles!«, dann geht das Schlachten los und es scheint für alle in Ordnung zu sein. Nicht auszudenken, der Typ würde White Wolf heißen, »Der Norden über alles!« brüllen und anschließend die halbe Welt niederbrennen. So einen Film würde es vermutlich niemals geben. Auch, dass die Walküre in Thor von der »Person of Color« Tessa Thompson gespielt wird, ist für einige vielleicht nicht ganz verständlich, aber akzeptabel, weil sie heiß ist. Aber dass der nordische Heimdall in Asgard ein Typ sein soll, dessen Vorfahren aus Sierra Leone und Ghana stammen, riecht dann doch ein bisschen nach universell globalem Gemeinschaftsgefühl oder gewerkschaftlicher Quotenbesetzung in Hollywood.

Auch wenn Idris Elba als Heimdall ziemlich cool aussieht, aber das ist für mich in etwa so ähnlich, wie wenn Götz George zu Lebzeiten Nelson Mandela verkörpert hätte.

Was auch lustig war, Junior rief irgendwann mal beim Mittagessen: »Krokodil esse ich gerne«, und meinte Broccoli damit. Oder einmal haben wir Vater und Kind mit vertauschten Rollen gespielt und er fragte mich beim Abendessen: »Kind, du trinkst Bier?«

Ich nickte. Darauf er: »Na ja, bist ja schon ein großes Kind.«

Oder vor dem Flug nach Moskau, als Junior in Leipzig durch den halben Airport rief: »Papa?«

Ich: »Ja, was ist denn?«

Junior freudestrahlend und immer noch lautstark: »Ich habe gerade einen großen Popel aufgefressen.«

Na Glückwunsch, dachte ich mir und musste grinsen.

Einfach herrlich, der kleine Gauner. Oder ein anderes Mal, als er in einem seiner Bilderbücher einen Taucher erblickte. Er wusste nicht, was das war und sagte zu meiner Frau: »Mama, guck, ein Wasserastronaut.«

Den Begriff Taucher kannte er nicht, dafür aber Astronaut. Da weiß man doch gleich, wo die Richtung später mal hingeht mit dem Junior. Also zumindest hofft man es.

Eines fällt mir noch ein. Als ich auf einem der Moskauer Wintermärkte einen ordentlichen Glühwein und dazu ein *Al-Capone*-Zigarillo genossen hatte, fragte Junior, als ich ihn später auf dem Arm hatte, weil er nicht laufen wollte und ich ihm einen Kuss gab: »Papa, hast du ein Räuchermännchen vom Weihnachtsmann aufgefuttert?«

Zum Glück habe ich mir diese Sprüche vom Junior alle aufgeschrieben und es fehlen bestimmt trotzdem noch welche, die ich einfach vergessen habe. Aber ich denke, es kommen im Laufe der Jahre auch noch viele hinzu.

Die Anekdote muss ich Ihnen jetzt auch noch erzählen. Aber die letzte, sonst finde ich hier kein Ende, weil mir bestimmt danach noch eine einfällt, je länger ich darüber nachdenke.

Jedenfalls habe ich Junior vor einigen Wochen gefragt, wer denn seine Freundin im Kindergarten sei?

Antwort: »Papa, am liebsten küsse ich Hedi, aber Stella dreht ihren Kopf nicht weg.«

Also für uns Erwachsene sollte dies wohl übersetzt bedeuten: »Stella kann ich jederzeit knutschen, wie es mir gefällt und Hedi nur, wenn sie Bock hat.«

Der Hammer allerdings war, als ich ihn einige Tage später früh in den Kindergarten brachte. Er sah Stella, sie sah ihn, die beiden fielen sich in die Arme und küssten sich fünfmal hintereinander. Dann schob Junior sie von sich weg, musterte sie von oben bis unten und sagte: »Stella, sag mal, wie läufst du denn heute rum?«

Na klar, dachte ich bei mir und musste lachen. *Erstmal rannehmen und dann rummeckern. Na, so was hat und hört man doch als Frau vermutlich gerne.*

Okay, eine hab ich noch. Aber jetzt wirklich die allerletzte Geschichte. Junior kam eines sonntagabends ohne Hose und Unterhose zu meiner Frau und mir geflitzt und rief entsetzt, während er auf seinen Penis deutete: »Guckt mal, mein Pullermann sieht aus wie ein Elefantenrüssel!«

Es gäbe sehr viel Schlimmeres auf dieser Welt, und wenn er ein großer Junge ist, wird er sich darüber freuen, trösteten wir ihn schmunzelnd, und brachten ihn anschließend ins Bett.

2. Künstler, Stümper und Lattenroste

Ist es Ihnen schon mal so ergangen, dass Sie in einer Kunstausstellung die Werke eines Malers betrachtet haben und dabei dachten, das einzige im Raum, was einen Funken Ästhetik versprüht, ist das Werbeplakat der Exposition eines anderen Künstlers? So ähnlich erging es mir, als ich das erste Mal ein Bild von Jackson Pollock und danach zufälligerweise eines von Konstantin Wassiljew sah.

Auf der einen Seite Konstantin Wassiljew, in dessen Museum inklusive Ausstellung ich in Moskau schon einmal gewesen war. Ein ermordeter russischer Maler, dessen Kunst eine brachiale mystische Kraft besitzt, die mich sofort in ihren Bann zog. Und auf der anderen Seite die Schmierereien jenes, in meinen Augen völlig überschätzten Pollocks, die mir vergleichsweise in den Sinn kamen. Selbst mein Junior mit seinen knapp vier Lenzen verfügte, nach meinem Verständnis, über ein größeres Talent, als dieser betrunkene Kretin. Ich vermute, sogar ein Otto Dix fräße im Grab aus Fremdscham einen Pinsel, wenn er dies mit angesehen hätte. Und sind wir ehrlich, dessen Bilder sind schon gewöhnungsbedürftig, um es gelinde auszudrücken. Aber kein Vergleich zu Jackson Pollock, der offenbar über nichts weiter verfügte, als ein erstklassiges Renommee und an dem das Beste seine Initialen waren. Da kratze ich doch lieber meine ganze Kohle zusammen, und kaufe ein Bild meiner Bekannten Heike oder eine handgetöpferte Brockenhexe ihrer Schwester Silke.

Aber was rege ich mich auf? Auf YouTube existiert ein Video über die sogenannte Maltechnik des Jackson Pollock. Also ich sehe das so, der hat einen Pinsel in einen Farbeimer gehalten, anschließend damit herumgewedelt und eine Leinwand vollgespritzt. Das war's. Ende der Geschichte. Heutzutage liefern sie dich für weit weniger ein. Ja ja, ich weiß. Sie werden jetzt vielleicht sagen: »Bei der modernen Kunst geht es nicht um die Ausführung, sondern um die Idee, die dahinter steckt.«

Aber Sie werden mir trotzdem beipflichten: »Man kann sich auch alles schönreden!«

Ich hoffe, mein kleiner Sohn wird mit mir eines Tages konform sein und mir niemals Vorhaltungen machen, die sich anhören wie: »Papa, das ist Kunst, verdammt nochmal! Du hast den Geschmack eines alten Esels!«

Und selbst wenn, ich werde ihn trotzdem immer lieben.

Mir kommt mein eigener Vater in den Sinn. Der mir, als ich ein Kind war, versuchte, plausibel zu erklären, dass meine Tante schwerkrank sei und deshalb am Tisch ständig furzen müsse. Ich wollte dies meinem Vater mit aller Macht glauben, weil ich ihm vertraute, aber ein komischer Nachgeschmack blieb dennoch.

Wo ich schon mal dabei bin, mich aufzuregen: Es war im Februar 2018. Azog der Schänder und meine Wenigkeit waren auf dem Weg in die örtliche Bibliothek einer Stadt, deren Name mir gerade entfallen ist. Hier fand an jenem Abend eine Buchlesung mit mir statt. Den Kontakt zu dem Bibliotheksleiter, einem Mann namens Eike Schattenfrost, hatte meine Verlegerin hergestellt.

Schattenfrost und ich korrespondierten einige Wochen zuvor per Mail und einigten uns darauf, dass ich die Eintrittsgelder behalten könne, wenn ich mich selbst um die Abwicklung kümmern würde. Dies bedeutete de facto: Abendkasse besetzen, Ticketpreise kassieren und so weiter. Dies hielt ich für kein Problem, denn ich hatte ja meinen *Wingman* Azog den Schänder dabei. Und an dem würde sich eh keiner vorbei trauen, ohne zu bezahlen. Dachte ich zumindest.

Das Publikum am besagten Abend kam dann kleckerweise und Azog musste fast die Hälfte der rund 30 anwesenden Gäste umsonst vorbeilassen. Die hatten tatsächlich einen goldenen Bibliotheksausweis. Fragen Sie mich jetzt nicht, wer sich so einen Quatsch ausdenkt. Auf jeden Fall hatten die so ein Ding. Und dieser »Goldmember - Fuck You! - Pass«, wie es Azog damals formulierte, beinhaltete, dass die Besitzer kostenfrei in solche Veranstaltungen wie die meinige hineindurften. Tja und »ce petit détail« hatte der liebe Herr Schattenfrost wohl zufälligerweise bei den Honorarverhandlungen vergessen zu erwähnen. Ich weiß noch, dass Azog nach der Veranstaltung, als wir unsere Ausrüstung ins Auto luden, geflucht hatte, wie es sich für einen richtigen Ork gehörte. Es war erschreckend, in welcher Geschwindigkeit man einen menschlichen Nachnamen kreativ verhohnepiepeln konnte. Da wurde ruckzuck aus Schattenfrost Lattenhorst und später Lattenrost. Zwischendurch gab es noch eine Rattenwurst. Sie ahnen es vielleicht, Azog mochte Eike nicht besonders. Und schon gar nicht, nach dieser »Goldmember-Kacke«, wie er es ausdrückte.

Ich dagegen fand den Schattenfrost ganz amüsant. Für jemanden, der nicht wie ich selbst eine ordentliche Regimeerziehung erhalten hatte und höchstwahrscheinlich in einem Waldorfkindergarten groß geworden war, verfügte er durchaus über komödiantisches Talent. Wenn auch unfreiwillig. Fragte der mich, wieso ich meinen Assistenten – hier war natürlich Azog gemeint, den ich auf Veranstaltungen hin und wieder und in Anlehnung an Sir Conan Doyle »Doktor Watson« rief, »Wurzel« nennen würde?

»Nicht Wurzel, sondern Watson«, sagte ich.

»Watson?«, fragte Schattenfrost und hatte offenkundig keine Ahnung, wer das sein sollte.

»Doktor Watson«, sagte ich langsam und überdeutlich und nicht ganz sicher, ob Schattenfrost mich vielleicht verarschen wollte. »Den Assistenten von Sherlock Holmes.«

»Ah, der. Alles klar, jetzt weiß ich Bescheid.« Der Oberbibliothekar klopfte sich gegen die Stirn und hatte selbstverständlich immer noch keinen blassen Schimmer, wen ich da meinte.

»Na klar«, knurrte Azog leise und ich war mir nicht sicher, ob Schattenfrost es nicht trotzdem hören konnte. »Du weißt Bescheid. Gerade du!«

Die Buchlesung selbst war ziemlich anstrengend, das Publikum steif und meiner Art von Humor nicht aufgeschlossen. Erschwerend kam hinzu, dass ich erkältet war und Schattenfrost mich im Vorfeld gebeten hatte, eine komplette Stunde durchzulesen und auf meine Pause nach der Hälfte der Veranstaltung zu verzichten. Er hätte nämlich vor, im Anschluss eine Diskussionsrunde mit dem Publikum zu veranstalten. Oder er wollte nur so schnell wie möglich nach Hause. Das konnte auch sein.

Aber durchaus erheiternd war Folgendes: Als ein etwas ungepflegter, unaufgeräumter älterer Herr die Bibliothek betrat, wurde Schattenfrost auf einmal ganz aufgeregt und sagte entschuldigend: »Ja, das tut mir leid. Da muss ich um Verzeihung bitten, aber Obdachlose finden auch immer wieder den Weg hierher. Es ist schön warm im Gebäude und wir können die auch nicht so einfach gewaltsam entfernen. Also bitte haben Sie Verständnis, wenn der sich mit hinsetzt und Ihnen zuhört.«

Ich hatte da im Prinzip nichts dagegen, aber Azog, nach wie vor stinksauer, rief: »Hä?«

Ich hatte die Befürchtung, dass sich Schattenfrost jeden Moment ein paar nur bedingt nette Worte von ihm einfangen würde.

»Also an mir kommt der nicht vorbei, wenn er nicht fünf Euro Eintritt auf den Tisch legt!«, machte Azog klar. Danach zeigte er auf eine entfernte Ecke der riesigen Bibliothek. »Wenn der sowieso nur schlafen will, kann er sich solange auf die Bank da hinten in der Kinderbuchabteilung legen. Da ist um diese Zeit eh keiner mehr.«

Wie sich kurze Zeit später herausstellte, war der alte Mann überhaupt kein Penner, sondern ein seit vielen Jahren in Deutschland lebender Tadschike. Etwas unaufgeräumt und abgerissen wirkte er nur deswegen, weil er auf den letzten Drücker hergekommen war. Und zwar mit einem Fahrrad. Also nicht aus Tadschikistan, sondern vom anderen Ende der Stadt. Dies erzählte er uns alles, während er einen Zehn-Euro-Geldschein auf den Tisch legte und unter anderem sagte: »Stimmt so.«

Ich sah grinsend zu Schattenfrost hinüber und konnte deutlich sehen, wie diesem die Schamesröte ins Gesicht stieg. Er blickte verstohlen in meine Richtung, hob entschuldigend beide Hände und zuckte mit den Schultern.

Nach der Veranstaltung hatte ich noch eine Diskussion mit dem Tadschiken über eine vermeintliche Falschmeldung meines Vortrages. Es ging um irgendeinen See, der wohl angeblich nicht dort wäre, wo ich behauptet hätte. Der sei ganz woanders.

»Wann waren Sie denn das letzte Mal in Tadschikistan?«, fragte ich.

»1978«, sagte der Mann.

»Das ist 40 Jahre her«, wandte ich ein.

»Ja«, sagte er.

»Äh, ich war vor zirka einem Jahr dort«, antwortete ich.

»Ah gut«, meinte er und ich hoffte, er würde raffen, worauf ich hinauswollte.

»Na, wer hat denn da jetzt nun recht?«, fragte ich und lachte dabei.

»Ganz klar er!«, mischte sich Azog der Schänder ein. »Du hast bestimmt nur irgendein Foto von irgendeinem See aus dem Internet heruntergeladen.«

»Und du bald keinen Job mehr, wenn du so weiter machst«, entgegnete ich, was Azog mit Schnarchgeräuschen quittierte.

»Ist egal«, sagte der Tadschike, »Lange her. Vielleicht täusche ich mich.«

»Oder ich«, räumte ich ein. Anschließend reichten wir uns die Hand und verabschiedeten uns. Schattenfrost kam auch nochmal zu uns und bedankte sich für die außergewöhnliche Vorstellung, wie er es formulierte und ich mir sicher war, mein Auftritt hatte ihm nicht gefallen. Im Gegenzug fanden wir den größten Teil des Publikums lahm. Oder wie es Azog klischeehaft formulierte: »Die hatten einen Stock im Arsch!«

Schattenfrost meinte als Verabschiedung zu uns: »Fahren Sie vorsichtig.«

Ich: »Danke, werden wir.«

Schattenfrost: »Ich sage dies ganz bewusst. Fahren Sie vorsichtig.«

Ich zog eine Augenbraue hoch und sagte extra lang gezogen: »Okaaay...werden wir.«

Schattenfrost: »Na ja, Sie rasen doch bestimmt gern.«

Ich: »Alles klar. Ich verstehe ehrlich gesagt nicht, worauf Sie hinauswollen.«

Schattenfrost: »Sie fahren doch sicher einen tiefergelegten Dreier BMW.«

Ich, der ich zu jenem Zeitpunkt noch keinen BMW, sondern einen rostigen Opel Corsa mit immensen drei Zylindern und brachialen 50 Pferdestärken mein Eigen nannte, entgegnete: »Wollen Sie damit sagen, dass jede *Schachtwacke* aus dem Südharz ein rasender Prolet ist?«

Schattenfrost hob beschwichtigend die Hände. »Nein, nein, auf keinen Fall.«

»Das ist schön«, sagte ich, »Denn andernfalls würde dies im Umkehrschluss bedeuten, dass ich jeden westdeutschen Bibliothekar für fehl am Platz halten würde, weil er Sir Arthur Conan Doyle und Sherlock Holmes nicht kennt.«

Nach einer kurzen Weile der Stille, in der sich alle nur abwechselnd anstarrten, machte Azog plötzlich: »Hahaha!«, und fing an, übertrieben zu lachen.

Schattenfrost und ich taten es ihm gleich und lachten ebenfalls, und zwar laut, gestellt und keinesfalls herzlich. Ich glaube, wir waren uns damals in jenem Moment und ohne es auszusprechen darüber einig, dass er nie wieder eine Buchlesung mit mir veranstalten wird, ich ihn allerdings im Gegenzug berühmt machen werde.

Später, auf der Rückfahrt im Auto, sagte Azog zu mir: »Schattenfrost hat keine Ahnung, wie dicht er an einer Tracht Prügel von mir vorbeigeschrammt ist.«

»Also, ich fand ihn amüsant«, sagte ich, »den Lattenrost.«

Azog der Schänder, aka Watson, aka Wurzel und ich grinsten anschließend und stießen eine Faust zusammen. Dann fuhren wir in meinem Opel Corsa zu McDonalds, mein Honorar verfressen.

Wenn ich es recht bedenke, muss ich fairerweise zugeben, dass ich einige Monate später wieder eine Lesung in derselben Stadt hatte, die weitaus besser lief. Allerdings war der Veranstalter ein anderer und das Publikum lockerer aufgelegt. Na ja, bis auf einige. Fragte mich ein Zuhörer, wie es dazu kam, dass ich eine Buchlesung in Tadschikistan abgehalten habe.

Ich: »Auf Einladung eines deutschen Kulturattachés.«

Ein anderer Gast von hinten rechts fragte provokant: »Echt? Wie hieß der denn?«

Ich: »Kennst du sowieso nicht! Für die anderen im Saal, der Mann hieß Armand von Utzrath.«

Danach passierte Folgendes: Der Typ von hinten rechts ballte sein Gesicht zur Faust und erhob sich von seinem Platz. Azog, aka Wurzel, aka neuerdings Ghettonatter erhob sich ebenfalls von seinem Stuhl und fixierte den Typ. Dieser setzte sich natürlich wieder hin und bekam von der Dame neben sich etwas ins Ohr geflüstert. Vermutlich, dass er besser sein Maul halten sollte. Was dieser vernünftigerweise dann auch tat. Die Veranstaltung lief wie geplant weiter.

Und jedes Mal wenn mich heute einer fragt, warum ich den schwergewichtigen Schläger Azog den Schänder früher bei meinen Buchlesungen dabei hatte, denn den Beamer konnte ich doch auch alleine bedienen, erzähle ich den Leuten diese Geschichte. Es gibt eben Städte und Veranstaltungsorte, da wird es gefährlich.

Azog war zwar damals der Meinung, ich sollte auf unverschämte Zwischenrufe nicht eingehen, aber ich sah das etwas anders. Ich unterhielt mich immer gerne mit meinem Publikum.

Hinterher kam Thorsten der Veranstalter mit unserer hart verdienten Kohle anmarschiert und sagte grinsend: »Es muss gut gewesen sein. Es sind alle sitzen geblieben.«

Eigentlich wollte ich Auftritte in dieser Stadt nach der ersten Veranstaltung nie wieder machen. Dann sind es doch zwei Lesungen geworden und weil Thorsten sagte:

»Wenn du was Neues geschrieben hast, rufst du mich an. Dann organisiere ich wieder eine Lesung für dich.«, wird es höchstwahrscheinlich auch noch eine dritte geben.

3. Fußballexperten und der Schwarze Weihnachtsmann

Meiner Frau und mir war schon seit einiger Zeit aufgefallen, dass unser kleiner Junior ein paar neue Mätzchen an den Tag legte. Wir hegten natürlich den Verdacht, dass ihm diese irgendjemand im Kindergarten beigebracht hatte. Zum Beispiel trat er ihr oder mir hin und wieder vor die Schienbeine oder zischte wie eine Schlange, wenn wir ihn ansprachen oder um irgendetwas baten. Oder er stellte sich mit nach vorn gebeugten Schultern und geballten Fäusten vor uns hin und fauchte wie eine Wildkatze. Wenn wir ihn dann fragten, wer so etwas machen würde, sagte er: »Aladin aus dem Kindergarten.«

Also ich persönlich glaube ja, der heißt anders. Aber wenn Junior damals behauptete, der hieße Aladin, dann nenne ich den hier auch so. Verifiziert habe ich das bis heute noch nicht.

Es war auf jeden Fall so, dass ich einige Tage später unseren Junior früh kurz vor acht Uhr in die Kita brachte und auf dem Weg dorthin kam mir ein Mann mit eindeutigem Migrationshintergrund entgegen. Sein Gesichtsausdruck war äußerst mürrisch und ich hatte keinen Schimmer warum. Wäre er denn lieber ganz weit weg zu Hause geblieben, oder was? Egal. »Guten Morgen!«, sagte ich freundlich, als er mich passierte. Es kam keine Antwort. So etwas konnte ich leiden. Und dies hatte nichts damit zu tun, dass der Typ ein Ausländer war. Das war mir völlig egal. Ich habe etwas gegen Leute, gleichgültig wo diese herkommen, die keinen Schimmer über die einfachsten Grundformen von Höflichkeit und Anstand besitzen.

»Das war Aladins Papa«, sagte Junior auf meinen Schultern sitzend.

»Alles klar«, sagte ich, »dann weiß ich Bescheid.«

Zwei Tage später, ähnliche Situation. Ich war auf dem Rückweg vom Kindergarten zu unserem Haus, welches nur etwa 200 Meter entfernt liegt. Wer kam mir entgegen? Richtig. Aladin und sein Dschinn.

»Guten Morgen!«, sagte ich.

Er sah mich kurz an und stampfte grußlos weiter. Jetzt reichte es mir. Ich drehte mich herum, lief ihm hinterher und überholte ihn. Dann baute ich mich vor ihm auf und brüllte: »Guten Morgen habe ich gesagt. Sind Sie taub, oder was? Von mir aus können Sie auch mit Salem Aleikum antworten oder irgend so einem Scheiß, aber machen Sie gefälligst Ihr Maul auf, wenn jemand Sie grüßt!«

Ich dachte nicht darüber nach, ob er vielleicht kein Deutsch verstand und es war mir auch gleichgültig. Junior erzählte uns bereits über einen längeren Zeitraum von Aladin und seiner Familie. Also schloss ich daraus, die waren schon eine ganze Weile hier. Da konnte man doch zumindest erwarten, dass sie wenigstens: »Bitte, danke, ja und Amen«, beherrschten. Na gut, okay,

»Amen« jetzt vielleicht nicht. Das wäre Quatsch und wahrscheinlich nicht ihre Religion, aber trotzdem.

Aladins Papa hob mit erschrockenem Gesichtsausdruck die Handflächen gen Himmel, als wäre ich sein Allvater, oder was auch immer, und stammelte: »Guten Morgen, guten Morgen, Entschuldigung, Entschuldigung.«

»Na geht doch«, sagte ich, wie in diesem alten Fernsehwerbespot. Und dann hielt ich meine Hand hin und sagte: »Los, Kralle her!«

Er schlug ein, wir verbrüderten uns und ich fügte noch hinzu: »Und ab morgen funktioniert das ohne Belehrung, klar?«

Er nickte.

»Super«, sagte ich. »Dann noch einen schönen Tag.« Anschließend zeigte ich nach oben in die Luft und machte mit dem Finger eine kreisende Bewegung. »Und immer schön auf die Hubschrauber achten.«

Aladins Papa hatte natürlich keinen Schimmer, was ich da faselte, er hatte *Rambo* wohl nie gesehen. Zum Abschluss klopfte ich ihm auf die Schulter, hob den Daumen und zwinkerte ihn mit einem Auge übertrieben an. Dann drehte ich mich herum und ging meines Weges.

Wir hatten mal zwei Praktikanten im Betrieb. Mewan und Radwan. Aber hier muss ich dazu sagen, Radwan haben wir, und das lag vermutlich daran, dass wir ein Reifenservice waren, nicht Radwan genannt, sondern Radlauf. Wie auch immer, jedenfalls kam der eine aus Afghanistan und der andere aus Syrien. Diese Länder lagen rund 3000 Kilometer auseinander. Aber trotzdem sahen die beiden so aus, als kämen sie aus derselben Familie. Und einen erfrischenden Humor besaßen die, es war einfach herrlich. Sie lebten seit über zwei Jahren in Germany und sprachen ausgezeichnet Deutsch. Außerdem besaßen sie Anstand und man bekam den Verdacht, sie hätten das komplette Wiener Hofzeremoniell einstudiert. Man ahnte, sie kamen aus gutem Hause und hatten eine ordentliche Erziehung genossen. Sie nannten mich zum Beispiel nicht einfach nur bei meinem Vornamen, sondern sagten immer: »Herr Jan.«

Obwohl meine Schwester behauptet, das läge daran, weil bei denen der Nachname zuerst im Pass stehen würde und die somit dächten, unsere Vornamen seien unsere Nachnamen, imponierte mir diese Geste der zwei Praktikanten sofort. Also wies ich sie an, dass sie diese Anrede unbedingt beibehalten sollten, und prophezeite ihnen außerdem eine große Zukunft in Deutschland. Da wurden die beiden dann gleich ein bisschen frech, indem sie mir mitteilten, dass sie nach ihrer Ausbildung respektive Studium gar nicht vorhätten, in Deutschland zu bleiben, sondern lieber zurück in ihre Heimat wollten.

»Waaas?«, rief ich empört. »Ist das der Dank, oder was?«

Aber sie merkten schnell, dass ich sie nur verarschen wollte und wir lachten alle drei schön ausgiebig darüber.

»Ihr Deutschen habt ja doch Humor«, sagte Radlauf aus Syrien.

»Und außerdem seht ihr alle gleich aus«, fügte Mewan aus Afghanistan noch hinzu. Im Anschluss lachten wir erneut.

Das nannte ich doch mal freundschaftliches Miteinander und funktionierende Integration. So machte das Spaß. Also von mir aus musste sich hier kein Ausländer über den Acker machen. Da fielen mir auf Anhieb eine Latte voll einheimischer Leute ein, die mir viel mehr auf den Sack gingen und sich stattdessen verpissen konnten.

Apropos und wo wir schon mal bei ´sich verpissen´ sind: Kann mir eigentlich jemand sagen, warum dieser Jogi Löw noch im Amt ist? Irgendwie scheint das keiner zu verstehen, den man fragt. Man erhält nur ein Schulterzucken als Antwort.

Mir fällt dazu eine Geschichte ein, die muss ich Ihnen unbedingt erzählen.

Also es war so, dass wir im Sommer 2018 im Speisesaal dieses Hotels irgendwo an der mecklenburgischen Seenplatte saßen. Wir bedeutete meine Frau, Junior, meine Schwester, unsere Eltern und ich. Wir machten alle zusammen zwei Wochen Urlaub dort. Wir saßen also in dem Restaurant, aßen, tranken und schauten nebenbei auf einem großen Bildschirm ein Fußballspiel im Rahmen der Weltmeisterschaft in Russland, welches wir soeben 0:2 gegen Südkorea verloren hatten. Kurz gesagt, Public Viewing mit Forellenessen für die Hotelgäste. Diese sportliche Niederlage, die wir alle mit ansehen mussten, besiegelte nebenbei den blamablen Vorrundenausscheid des amtierenden Weltmeisters Deutschland.

»Wieso«, fragte ich in den Raum, »hat der Bundesjogi eigentlich nach dem WM-Titel vor vier Jahren in Brasilien auf dem Karrierehöhepunkt nicht seinen Hut genommen?«

»Keine Ahnung«, antwortete mein Vater. »Vielleicht hat er ja gedacht, das geht ewig so weiter mit dem Erfolg?«

»Oder sein Geld hat noch nicht für immer gereicht«, schlug meine Mutter, die eigentlich vom Fußball keine Ahnung hatte, gar nicht mal unklug vor.

»Ja, aber dann hätte er doch bei irgendeinem Klub anheuern können«, hielt ich dagegen. »Immerhin war er Weltmeistertrainer.«

»Der war gut«, hörte ich plötzlich eine fremde Stimme ganz in der Nähe höhnisch lachend rufen. »Sie glauben doch nicht ernsthaft, dass den irgendein Verein auf Erstliganiveau unter Vertrag genommen hätte?«

Die Stimme gehörte einem männlichen Gast vom Nachbartisch, der unserer Diskussion gefolgt war. »Und mit dem Team von vor vier Jahren«, spielte er sich weiter auf, »wäre selbst ich als Bundestrainer

Weltmeister geworden, so bärenstark wie die gewesen sind.«

Also ich persönlich und ohne dem fremden Mann zu nahe treten zu wollen, hielt diese Aussage für ziemlich kühn. Aber ich bemühte mich, nett zu sein, also nickte ich ihm zu und erwiderte: »Na okay, wenn Sie das sagen?«

»Ich glaube«, sagte dann mein Vater wieder, »die haben sich einfach auf ihren Lorbeeren ausgeruht und nichts dafür getan, sich weiterzuentwickeln. Aber die Konkurrenz hat zwischenzeitlich nicht geschlafen, wie wir soeben miterleben konnten.«

Von überall her im Saal kamen zustimmendes Nicken und konforme Bemerkungen. Dies nahm mein alter Herr zum Anlass, indem er fortfuhr: »Und dass du als Weltmeister automatisch für die nächste WM qualifiziert bist, halte ich auch nicht für besonders klug. Da weißt du doch gar nicht, wo du stehst. Die waren nach dem Titelgewinn einfach satt. Denn was gibt es nach einer Weltmeisterschaft auch noch zu erreichen? Da bist du doch schon ganz oben.«

»Wir sind ja auch nicht der erste Weltmeister, dem so was passiert ist, oder?«, gab ich meinen Senf dazu.

Mein Vater überlegte kurz, dann sagte er: »Stimmt. Das ging den Franzosen 2002 genauso und den Italienern 2010, glaube ich, auch.«

Ach so, nebenbei bemerkt, mein Vater ist ein wandelndes Fußballlexikon. Was weiß ich, ich werfe zum Beispiel irgendeinen Namen in den Äther - nehmen wir mal Rudi Meier - und ich habe jetzt keine Ahnung, ob es den fußballtechnisch wirklich gegeben hat. Mein Vater würde jetzt kurz nachdenken und dann Dinge sagen wie: »1978, Kickers Offenbach.« Nehmen Sie mich nicht wortwörtlich, aber so ungefähr würde das ablaufen.

Der Mann vom Nachbartisch mischte sich dann wieder in unser Fachgeplänkel ein, indem er feststellte: »Fakt ist, in Russland gibt es für Deutschland einfach nichts zu gewinnen. Da haben wir ja früher schon mal ein viel größeres Auswärtsspiel verloren.«

Er meinte wohl den Überfall auf die Sowjetunion 1941, vermutete ich.

Dann schob er hinterher: »Wissen Sie, was ich bei den Russen gut finde?« Er wartete keine Antwort von irgendjemandem im Saal ab, lachte in einem Tonfall, welcher an das Meckern einer Ziege erinnerte, und sagte anschließend: »Wenn die in weißen Trikots spielen, dann denkst du, die spielen nackig, weil die alle so blass sind. Bei denen spielt kein einziger Neger mit.«

Er erntete mit seiner Aussage einige Lacher aus dem Saal, wahrscheinlich von den verkappten Rassisten, und ich sagte dann zu ihm: »Vielen Dank, dass Sie uns das jetzt nochmal ganz genau erklärt haben. Wir hätten sonst überhaupt nicht gerafft, wie Sie das meinen.« Danach machte ich eine kurze Pause und fügte abschließend hinzu: »Und jetzt gehen Sie weg!«

Der Mann sah mich daraufhin etwas komisch an und wusste wohl nicht so recht, wie ich das meinte. Ich jedoch verzog keine Miene und setzte dabei den ernstesten Gesichtsausdruck auf, zu dem ich fähig war.

Schließlich schüttelte der Mann den Kopf und stand dann aber auf. Er nahm sein Bier und seine unattraktive, stark angetrunkene Frau und verließ den Raum. Für den Rest unseres Urlaubs machte er klugerweise einen großen Bogen um uns.

»Weißt du, was sich nach diesem Debakel in der Nationalmannschaft und im Trainerstab verändern wird?«, äußerte mein Vater nach einer kurzen Weile.

»Was denn?«, fragte ich.

»Absolut gar nichts«, antwortete er und sollte zumindest teilweise damit recht behalten.

Apropos, weil dieser Komiker das als Beleidigung eingestufte Wort »Neger« benutzt hat, klingt das Folgende in Ihren Ohren jetzt wahrscheinlich wie ein schlechter Witz. Ich hatte ja vorhin schon kurz von der Begegnung zwischen unserem Junior und dem schwarzen Weihnachtsmann berichtet. Dieser Weihnachtsmann war in der Tat der einzige Schwarzafrikaner, den ich im schneebedeckten Moskau gesehen habe. Das war im Dezember 2018 und ich war mit Familie und Freunden dort. Der lief in seinem Kostüm auf dem Roten Platz hin und her und quatschte die Leute voll, ob sie nicht ein Foto mit ihm zusammen schießen wollten. Natürlich nur für Geld.

»Toka Toka Bimbo.«, riefen ungelogen ein paar Männer einer vorbeilaufenden Gruppe, als sie den

Schwarzen Weihnachtsmann sahen. Ich glaube, es waren irgendwelche indigenen Skandinavier. Zumindest schloss ich das aus manchen ihrer Gesichter. Blass und leicht eskimohafte Züge. Einer hatte eine auffällige LKG-Spalte. Mir kam zwangsläufig mein Kumpel Daniel in den Sinn, der vor einigen Jahren mit der Bundeswehr zum Manöver irgendwo in Norwegen war. Laut eigener Aussage, rätselt er bis heute, ob es normal war, dass da so viele Frauen eine Hasenscharte trugen, oder ob die hübschen Mädchen einfach nur nicht herausgelassen wurden, weil deutsche Soldaten in der Stadt waren.

»Das war übrigens ostafrikanisches Swahili und bedeutet, verpiss dich Bimbo.«, sagte eine männliche Stimme mit starkem Schweizer Dialekt ganz in meiner Nähe.

»Du sprichst Swahili? Ich dachte immer, du bist Klempner und kannst nur Rohre verlegen.«, erwiderte eine andere männliche Stimme, nicht minder schweizerhaft.

Ich wandte mein Haupt, die Augenbraue hochgezogen, in Richtung des Gesprächs und da sah ich sie stehen, die beiden dicken Eidgenossen, um die 50, mit ihren Glühweinen in den Händen.

»Viele Talente«, antwortete der erste jetzt wieder, unbeeindruckt vom Affront des anderen. Dann fuhr er fort: »Ich hatte mal einen Afrikaner einige Tage mit auf einer Baustelle und dieser hat mir ein paar landestypische Beleidigungen auf Swahili beigebracht. Unter anderen Toka Toka Bimbo.«

»Also ich glaube ja, der hat dich mächtig verarscht.«, sagte der andere.

»Und du hast Ahnung, oder was?«, hielt der erste dagegen.

»Du hattest mal einen Afrikaner mit auf einer Baustelle?«, lenkte der zweite fragend ab. »Was hat der denn da gemacht? Schwarzarbeit, oder was?« Dann lachte er laut und dämlich, weil er den abgedroschenen Gag für äußerst gelungen hielt. Der erste empfand das wohl nicht so, denn er setzte noch einen oben drauf, indem er antwortete: »Nee, meinen Neger, du Arsch!« Anschließend spielte er noch eine Sekunde weiter den Genervten, aber dann lachten beide schön laut, schön lange und schön dumm.

Zwei Frauen, die daneben standen und wohl die Freundinnen oder Gattinnen der beiden waren, lachten natürlich nicht, sondern schüttelten nur tadelnd die Köpfe. Aber eine dritte Frau, die auch noch dabei stand und offensichtlich schon fünf Liter Glühwein intus hatte, so wie die hin- und herschaukelte, bekam sich vor Lachen gar nicht wieder ein. Die beiden Typen schienen sich schon zu freuen, dass wenigstens eine Person ihren zuvor gehaltenen, rassistischen Dialog gut fand, da rief die Betrunkene wiehernd und lallend und sich den Bauch haltend und ebenfalls ordentlich schweizerisch krächzend: »Klempner. Rohre verlegen. Herrlich. Ich halt das nicht aus.«

4. Raclette mit Karate-Olga

Es muss so Ende Januar in irgendeinem Jahr gewesen sein. Auf jeden Fall war es ein Samstagabend. Wir saßen bei Freunden und veranstalteten ein Raclette. Ja, ein Raclette und es war gut.

Manche der sogenannten Popliteraten der Moderne sollen Raclette ja angeblich Scheiße finden, aber was wissen die schon? Meistens nach der Wende geboren, perspektivlos und keine Lust auf irgendetwas. Also wird studiert. Was ist egal. Hauptsache man braucht nicht zu arbeiten, kann seine klägliche Existenz rechtfertigen und muss auf Fragen wie: »Was machst du eigentlich?«, nicht antworten mit: »Ich bin ein völlig nutzloses und überflüssiges Subjekt, ähnlich einem automatischen Öffner für Einmachgläser. Ich mache viel Lärm und bin sehr langsam.«

Ich studiere dies und das, hört sich dagegen einfach besser an. Und vor allem akademischer. Aber sich über Dinge lustig machen, die von einer Generation geachtet werden, die den gehobenen Standard dieser kleinen Sozialversager überhaupt erst möglich macht. So etwas kann ich leiden, sage ich Ihnen.

Also wir in den 1970ern Geborenen finden Raclette voll super. Ich will mich jetzt hier auch nicht über Unterschiede und Konflikte innerhalb der Generationen aufregen, obwohl… eigentlich doch.

Da hörst du dir einerseits von den Älteren an: »Ihr wart doch früher als Jugendliche genauso blöd, wie die jetzt.« Und du denkst dir: »Nö, waren wir nicht!«

Andererseits denkt man aber selbst über die jüngeren Generationen: »Ihr kleinen Arschlöcher habt doch keinen Plan. Und es ist völlig egal, ob ihr Hauptschul- oder Bachelorabschluss habt, ihr seid trotzdem dämlich!«

Die Betroffenen allerdings denken wahrscheinlich: »Ach, geh doch weiter, alter Mann. Wie alt bist du eigentlich? 40 oder was?« Anschließend lachen sie dich vermutlich aus.

Apropos. Was soll das eigentlich mit diesen derzeit verwendeten Hochschulabschlüssen Bachelor und Master? Macke oder was?

Ich halte mal kurz fest. Nach der polytechnischen Oberschule (für Uneingeweihte: Zehn Klassenstufen Realschulabschluss), lerne ich dreieinhalb Jahre einen Beruf. Und ich meine damit einen richtigen Beruf, der auch einen Nutzen für die Gesellschaft hat. Nach dessen Abschluss bin ich Geselle. Zehn Jahre und einige Entbehrungen später bezahle ich viel Geld für eine Meisterausbildung und werde dann nach bestandenen Prüfungen ein Meister. Anschließend denke ich, okay, durch den Meistertitel hast du jetzt die Zugangsberechtigung für eine Hochschule, also studierst du nochmal ein paar Runden. Wieder drei bis vier Jahre später wirst du mit etwas Glück und Arschkriecherei zum Bachelor erklärt. Also wieder

Geselle, denn nichts anderes bedeutet das. Klugscheißer und RTL-Gucker werden jetzt einwerfen: »Das heißt Junggeselle.«

Alles klar, weiß ich Bescheid. Geselle also. Dann nochmal zwei Jahre hinten dran und ich bin Master, also wieder Meister. Und spätestens zu diesem Zeitpunkt fühle ich mich komplett verarscht und denke, wie bescheuert muss man eigentlich sein, um so etwas zu unterschreiben? Und diese Begriffe? Bachelor. Master. Am Hintern! Wenn ich schon Titel verwende, die dem deutschen Handwerk entsprungen sind, dann nenne ich die auch so. Und zwar genauso und bitteschön in der deutschen Übersetzung. Also nicht Bachelor oder Master, sondern Geselle und Meister.

Huch, na sieh einer an. Wer hätte denn das gedacht? Aber diese Bezeichnungen gibt es ja schon. Und zwar seit über 500 Jahren in der deutschen Handwerkskunst!

Bitte verstehen Sie mich jetzt bloß nicht falsch. Ich will niemanden beleidigen, der freiwillig die Schulbank drückt. Ich habe den allergrößten Respekt vor jedem, der studiert, das Ganze bis zum Schluss durchzieht und dann zu guter Letzt auch noch einen Abschluss bekommt. Ich prangere hier lediglich unser teilweise völlig verblödetes System an. Da werden bewährte, gut funktionierende Dinge einfach gestrichen und wegdiskutiert, bloß weil sie vielleicht Überbleibsel von irgendeinem Regime sind. Dagegen wird alles gefressen, was uns die Angelsachsen und ihre ehemaligen Kolonien vor die Füße werfen.

Aber Sie merken, ich rege mich schon wieder auf. Was wollte ich Ihnen eigentlich erzählen? Ach so.

Wir waren also zum Raclette bei Freunden und ich erkläre hier nicht »en détail«, wie das veranstaltet wird, weil meine Geschichten eh hauptsächlich an Individuen gerichtet sind, die zumindest ungefähr wissen, was das ist. Also Hippiekommunisten und Waldörfler fallen schon mal weg. Und ebenfalls die »Gemüse-Arier« oder Vegetarier, wie sie sich selbst nennen, denn es gibt beim Raclette jede Menge Fleisch!

Wir saßen also am Esstisch, bauten uns kleine Pfännchen mit Fleisch, etwas Gemüse und Käse zusammen und tranken Bier und Wein. Ich befand mich in leichter Konversation mit einer Frau, die von mir wissen wollte, welche Annehmlichkeiten und vor allem Unannehmlichkeiten mir in den letzten Jahren als Autor so widerfahren seien. Mein Gespräch mit dieser Dame damals beim Raclette lief inhaltlich in etwa so:

Ich hatte mich schön aufgeregt, hauptsächlich darüber, dass mich die großen Publikumsverlage seit Jahren ignorierten, obwohl diese zu 80 Prozent Müll produzieren würden. Und sie fand meine Erörterungen höchstinteressant, denn sie sagte: »Ich finde Ihre Erörterungen höchstinteressant.«

Nachdem später am Abend alle gut gesättigt waren von der delikaten Nahrungsaufnahme, wurden hochprozentige Cocktails vom Gastgeber gemixt und eine YouTube-Party veranstaltet. Sie wissen nicht, was das ist? Also, da ruft zum Beispiel irgendjemand etwas in die Runde, das folgendermaßen klingt: »Kennt ihr eigentlich das noch?« Anschließend hämmert diese Person ein paar Sekunden lang mit ihrem Finger auf dem Tablet herum und plötzlich quäkt »When will I be famous« von Bros aus dem Jahr 1987 aus der Bose- oder JBL- Bluetooth-Box. Dann wird eine Minute dazu abgehottet bis der Nächste ruft: »Mach mal »Slice me Nice« von Fancy oder »Strangers by Night« von CC Catch.« Dann folgt »Heaven can't wait« von Sandra, »Vienna calling« von Falco und so weiter und so fort... Irgendwann sind die Herren der Runde an der Reihe. Meistens wird gestartet mit »Whiskey in the Jar« in der Version von Metallica und nicht etwa dieses Suffgejaule von zum Beispiel Garry Moore. Anschließend kommt dann »Rebel Yell« von Billy Idol und und und...

So in etwa war das an jenem besagten Abend auch. Kerle in den Vierzigern und Weiber in den Zwanzigern (also auch Vierzigern), sprangen und pogten in der »Private Dancehall« herum. Des Gastgebers Schwägerin Samantha, von Rechtswegen zu 100 Prozent sexy und zu 200 Prozent lesbisch, machte sich einen Spaß daraus, den Kerlen im Raum mit beherzter Hand in den Schritt zu greifen und dann deren Reaktionen und blöde Gesichter abzuwarten, die aufgrund solch kühner Tat zwangsläufig hervorgerufen wurden.

Was keiner der anwesenden Gäste im Raum ahnte: dieses skandalöse und lästerliche Verhalten wurde seit geraumer Zeit von außen durch die Fensterscheibe beobachtet, und zwar von Tante Olga. Diese lebte in einem Nebengebäude auf dem Anwesen. Sie sah durch das Fenster zu uns herein und weil es draußen sehr frostig war, hielt sie sich mit Zigaretten und Nordhäuser Doppelkorn warm. Sie hätte sich natürlich auch einen Mantel über das schicke Nachthemd werfen können, entschied sich aber für die andere Variante. Wir drinnen ahnten selbstverständlich nichts von einer sich anbahnenden Katastrophe und feierten ausgelassen und beschwipst weiter.

Plötzlich flog die Tür auf, es wurde eiskalt im Tanzschuppen und unheilvolle Nebelschwaden quollen in den Raum. Ein paar gruselige Sekunden später stolperte Tante Olga mit gestrecktem Fuß voran über die Schwelle und war drauf und dran, einen Halbspagat aufs Parkett zu legen. Sie fing sich im letzten Moment und zerrte anschließend Samantha erstmal ordentlich an den Rastazöpfen.

»Du Miststück!«, brüllte Tante Karate-Olga, »Komm sofort mit raus, wir haben etwas zu besprechen.«

Samantha, die nicht wusste, wie ihr geschah, flüchtete in die Ecke zwischen Getränkebar und Kühlschrank.

Als dann auch dem letzten im Saal bewusst wurde, dass die Titanic soeben irgendetwas gerammt hatte, oder um es anders zu formulieren, irgendeine

Unregelmäßigkeit den gewohnten Betrieb störte, passierte Folgendes:

1. Der Gastgeber und meine Frau gingen sofort dazwischen und brachten die Konfliktparteien auseinander.

2. Die restlichen Gäste starrten in einer Mischung aus Fremdscham und »Jetzt müssen wir uns aber extrem ein Lachen verkneifen«, in die Gegend hinein.

Und 3. Was habe ich die ganze Zeit getan? Natürlich alles aufgeschrieben. Mossad, Stasi und KGB hätten mich wahrscheinlich sofort rekrutiert, hätten die gesehen, wie fleißig ich war.

Aber genug der alten Gazetten, wo war ich stehengeblieben? Ach so, *Karate-Olga versus rug-muncher-Samantha.* Tante Olga dachte wohl, dass Samantha ein Verhältnis mit ihrem Goldneffen, also dem Gastgeber des Abends hätte. Alle Beschwörungsformeln, dass Samantha schon seit vielen Jahren ausschließlich nur mit Frauen zusammenlebte, halfen nichts. Karate-Olga wollte Krieg!

Dieser ganze neumodische Kram mit gleichgeschlechtlicher Liebe und solcherlei Dingen, hielt sie für ausgemachten Mumpitz, wie sie es nannte. So etwas gäbe es nur im Fernsehen oder bei Musik- oder Filmstars. Aber im wirklichen Leben hätte es schon früher so etwas nicht gegeben, denn davon hätten doch alle etwas gewusst. Dieses Lesbengetue sei in Tante Olgas Augen nichts weiter als eine perfide Masche, um Männer aufzureißen. Und auch die

Tatsache, dass Samantha in jungen Jahren von einem Mann eingesperrt und geschlagen wurde und sie sich aufgrund dessen geschworen hatte, nie wieder etwas mit einem Mann anzufangen, zählte für Tante Karate-Olga alles nicht. Denn die war im Predator-Battle-Modus und wollte unbedingt Blut sehen. Dazu kam es aber zum Glück nicht, denn sie wurde rechtzeitig vom Sicherheitsdienst, also dem Gastgeber und meiner Ehefrau, abgeführt.

Am nächsten Vormittag beim Frühstück. Alle, inklusive Olga, wieder nüchtern, fragte diese in die Runde: »Was guckt`n ihr mich alle so blöde an? Hört auf zu saufen, wenn ihr den Alkohol nicht vertragt!« Danach holte sie eine Schachtel Kippen unter dem Nachthemd hervor, stand auf und sagte: »So, un ich jehe jetz erstmal schöne eene roochen.«

Das Leben schreibt Geschichten, kann ich Ihnen erzählen. Meine Fresse, was für eine Aufregung!

5. Hausmeister-Diktator

»Was würde Malvin tun?«, fragte ich eines Tages meine Schwester während eines Spazierganges in Moskau. Sie sah mich mit ungläubiger Miene an.

»Was würde dein Lebenspartner machen, wenn er plötzlich politische Macht hätte?«, klärte ich sie auf. »Gut, er ist zwar beinahe eins neunzig und besitzt damit nicht den typischen Kleinwuchs der gängigen Diktatoren, aber was würde er tun?«

»Gar nichts«, sagte meine Schwester mit sarkastischem Unterton.

»Er würde auf jeden Fall alles besser machen«, ignorierte ich ihren Einwand.

»Na klar, logisch, was denn sonst?«, unkte sie.

»Erstmal bräuchte er Kapital«, führte ich weiter aus. »Viel Kapital. Sehr viel Kapital. Eigentlich Unmengen von Kapital, sonst wird das nichts. Wo bekäme er so viel Kapital her? Fragen über Fragen hätte er zu klären. Verdammt harte Arbeit wäre das alles für ihn.«

»Wäre es nicht«, formulierte meine Schwester lapidar. »Wir reden hier immer noch über Malvin.«

»Jetzt mach ihn nicht so schlecht«, mahnte ich an.

»Tu ich nicht«, erwiderte sie und versuchte, dabei ein Gähnen zu unterdrücken.

»Er bräuchte zunächst eine Liste mit sämtlichen Vermögenswerten des Landes und der Bevölkerung«, fuhr ich fort. »Und wo bekäme er diese wiederum her? Malvin müsste die Leute überzeugen, ihm ihren Besitz zu überlassen.«

»Hä?«, mischte sich meine Frau ein. »Was faselst du da?«

»Ach nichts«, antwortete ich schnell. Danach wandt ich mich von Frau und Schwester ab, um mich wieder voll und ganz dem Gedankenkonstrukt von Malvins geplanter Übernahme der Weltherrschaft zu widmen. Der Besuch im Lenin Mausoleum war mir wohl nicht bekommen oder vielleicht stand ich auch zu lange an Stalins Grab, dass ich solch einen Blödsinn dachte, hier könne jeder Dahergelaufene mal ebenso die Macht ergreifen. Aber was war ein Lehrer ohne Schüler? Also drehte ich mich wieder zu Frau und Schwester herum und laberte sie weiter voll. Zumindest meine Schwester. Meine Frau hörte vermutlich sowieso nur mit einem Ohr zu. Wenn überhaupt.

»Er würde den Menschen ein Angebot unterbreiten«, malte ich aus. »Entweder sie überließen ihm freiwillig die Hälfte ihres Vermögens oder Malvin würde ihr komplettes Hab und Gut innerhalb von 24 Stunden einfrieren lassen, so dass sie keinen Zugriff mehr darauf hätten.«

»Aber warum 24 Stunden warten?«, fragte meine Schwester dann doch ein bisschen unverhofft. Ich hatte wohl ihr Interesse geweckt.

»Ganz einfach«, entgegnete ich. »Dein Verlobter würde amüsiert verfolgen, wie die dann alle emsig und verzweifelt Anstellungen träfen, ihr Geld hinter seinem Rücken in Sicherheit zu bringen, zu verstecken oder ins Ausland zu verschieben.«

»Wir sind nicht verlobt!«, brachte sie als Einwurf.

»Okay, wie auch immer«, sagte ich. »Anschließend würden die ihm selbstverständlich allesamt weismachen wollen, sie besäßen nicht das Geringste. Und was man nicht habe, könne man einem auch nicht wegnehmen. Zum Glück funktioniert der Mensch in den meisten Fällen immer auf die gleiche Art und Weise: horten und raffen, bloß nichts abgeben, fett werden und wenn er eines Tages ertappt wird, vollkommen blöd aus der Wäsche gucken. Quasi ähnlich eines Hamsters. Aber das mit dem Geld verschieben, würde de facto nicht funktionieren. Da hätte Malvin natürlich Vorkehrungen getroffen. Alle Organe, Institute und Grenzübergänge würden selbstverständlich akribisch überwacht werden. Aber unterhaltsam könnte es durchaus sein.«

»Das ist ja alles hochinteressant und klingt echt spannend«, sagte meine Schwester. »Wirklich. Tolle Geschichte. Kein Zweifel. Aber wie gesagt, so etwas würde Malvin nicht machen.«

»Aber warum nicht?«, entgegnete ich. »Das wäre doch ein guter Plan.«

»Mag schon sein«, sagte sie und grinste boshaft. »Aber Malvin ist definitiv zu blöd für so eine Nummer. Der ist AfD-Anhänger und posaunt das auch noch überall herum.«

»Ich finde die zwar nicht gut«, sagte ich, »aber verboten sind sie nicht und die populistischen Parolen, die die raushauen, sind nun mal genau auf solche Wähler wie Malvin zugeschnitten.«

An dieser Stelle möchte ich Ihnen ein längeres Briefing über die Verhaltensweisen von Mister Malvin Rumburak geben, damit Sie wissen, mit wem Sie es zu tun haben.

Als Einstieg eine Geschichte, bei der ich selbst nicht zugegen war, aber meine Schwester, welche sie meinem Vater erzählte und er wiederum mir, und das genügte als vertrauenswürdige Quelle.

Es war so, dass sich Malvin ein neues Spielzeug in Form einer ferngesteuerten Drohne gekauft hatte. Eines Tages lief er zu seinem Chef, dem Amtskanzler der deutschen Botschaft in Tadschikistan und fragte diesen, ob er die Drohne auf dem Gelände starten lassen dürfe. Die Antwort darauf war: »Malvin, wir befinden uns hier auf dem Botschaftsgelände. Nicht weit weg ist die russische Botschaft und ebenfalls in der Nähe ist ein tadschikisches Gefängnis! Legal ist dein Spielzeug hier außerdem auch nicht. Du kannst dir die Frage also selbst beantworten, oder?«

Nachdem Malvin ein paar Sekunden dämlich aus der Wäsche guckte, denn darauf hält er ein Patent, fragte er: »Na was denn nun? Darf ich oder darf ich nicht?«

Als Nächstes eine Story, bei der ich persönlich anwesend war. Es war Dezember 2018. Einige tausend

Kilometer entfernt machte sich das französische Volk in gelben Westen auf den Weg, seinen König zu köpfen und es war unser zweiter Abend in Moskau. Nach einem guten Abendessen und gar nicht schlechtem russischen Bier bei Alfred, dem Betreiber der Botschaftskantine, saßen wir in meiner Schwesters und Malvins Wohnzimmer. Die Frauen betrieben leichte Konversation und brachten nebenbei unseren Junior ins Bett.

Malvin, der für den Posten in Moskau aus großer Not heraus, temporär vom Hausmeister zum technischen Leiter befördert wurde, berichtete uns alkoholgeschwängert von den Strapazen, die er jetzt als neuer Chef zu ertragen hätte. Unter anderem die Organisation eines zeitnah bevorstehenden offiziellen Empfanges im Botschaftsgebäude.

Zum Glück, wie er meinte, ständen aber sowohl der Amtskanzler als auch der Botschafter persönlich zu 100 Prozent hinter seinen Entscheidungen. Wenn diese Zwei auch noch gegen ihn arbeiten würden, es wäre eine Katastrophe.

Ich weiß noch, ich nickte erstmal mitfühlend zu Malvins Ausführungen. Als guter Erzkatholik aus der angloamerikanischen Besatzungszone, welcher er nun einmal war, holte Malvin die Flasche eines, wie er beteuerte, ausgezeichneten Wacholderlikörs, aus dem Schrank und goss uns daraus einen schmalen Finger breit ein.

»Ich sage euch ganz ehrlich«, meinte er dazu, »die Flasche hat 20 Euro gekostet, da bekommt jeder nur einen Kleinen. Der Tropfen ist zu schade zum Besaufen.«

Mein Kumpel Grummel und ich sahen uns daraufhin wortlos an und dachten in jenem Moment genau dasselbe: *Alles klar, dann wissen wir ja jetzt Bescheid.*

Anschließend prosteten wir uns zu und grinsten wölfisch. Malvin, der vor unserem gemeinsamen Abendessen bereits einige Feierabendbierchen, wie er es nannte, gezischt hatte, raffte sich kurze Zeit später auf. Er wünschte allseits eine gute Nacht oder: »Kommt gut zu liegen«, wie er immer betonte, und verabschiedete sich ins Schlafgemach. Die Flasche Wacholderschnaps stand unbewacht auf dem Tisch. Na dann: »Nastrovje!«

Am darauffolgenden Abend kehrten wir von einem entspannten Ausflug aus Moshattan City, wie wir Moskau nannten, weil die Skyline der von Manhattan nachgebildet war, zurück. Meine Schwester und Malvin waren noch bei besagtem Botschaftsempfang.

Grummel und ich genehmigten uns als Erstes einen ordentlichen Schluck Wacholderschnaps und gossen auch den Damen akzeptabel ein. Nur Junior bekam nichts. Anschließend ließen wir die beinahe zur Neige gegangene Flasche samt vier leerer Gläser daneben mitten auf dem Esstisch stehen.

Als Malvin eine Stunde später nach Hause kam und dies sah, funktionierte er wie von uns geplant. Er erstarrte für alle sichtbar zum überdimensionalen Stalagmiten und nahm die Flasche, nachdem er seine Fassung wiedererlangt hatte, wortlos vom Tisch und versteckte sie irgendwo.

»Den trinkt ihr nicht aus!«, wies er uns an, als er zurückkam. »Ich hab sonst nichts mehr von dem guten Stoff.«

Anschließend presste er sein Eigenartiges: »Kommt gut zu liegen«, hervor und ging schlafen.

Als er weg war, der stark an- und übersäuerte Malvin, stießen Grummel und ich die Fäuste zusammen.

»Guter Stoff?«, warf Grummel erbost in den Raum. »Für 20 Euro? Hat der sie noch alle? Der hat die Plörre doch selbst gekostet.«

»Der scheint alles zu saufen«, entgegnete ich und grinste. Dann fügte ich noch hinzu: »Obwohl ich das Zeug jetzt nicht so schlecht finde.«

Meine Schwester sahen wir an diesem Abend nicht mehr. Sie blieb lange auf der Empfangsparty, hatte aber den Rest der Woche frei, um mit uns durch Moskau zu ziehen. Sie erzählte uns am nächsten Morgen beim Frühstück: »Der hat wohl noch ein paar Flaschen von dem Gelumpe. Und zwar in unserem Keller, den er bis unter das Dach mit Schnaps zugestopft hat und den einzigen Schlüssel für das Gemäuer trägt er Tag und Nacht an einem Bund und bewacht ihn.«

»Wie der Drache Fafnir den Nibelungenhort«, bemerkte ich dazu und musste lachen.

»Jetzt wird er mir wieder wochenlang vorhalten«, fuhr meine Schwester grinsend fort, »die Ossis haben meinen Schnaps weggesoffen.«

»Wir Ossis halten das im Allgemeinen so«, mischte sich Grummel ein. »Wenn wir Gäste haben und stellen eine Flasche Schnaps oder sonst irgendetwas anderes auf den Tisch, dann geben wir keine Anweisungen dazu außer: Bedient Euch!«

»Auf jeden Fall«, spann ich den Faden fort, »geben wir keine Informationen über die« und dabei hob ich theatralisch die Hände, »ach so immensen Preise oder befehlen: Aber jeder nur Einen, der war teuer! Übrigens wurden aus den urprünglichen 20 Euro Anschaffungskosten pro Flasche auf einmal 80. Was hat der alte und geizige AfD-Wähler denn gedacht, wie wir darauf reagieren?«

Nachdem das allgemeine Gelächter im Raum verstummt war, schloss Grummel mit den Worten: »Wenn wir nicht gut genug für seinen Schnaps sind, dann soll er ihn nicht rausholen.«

»Sein Geiz ufert dermaßen weit aus«, hörte ich meine Schwester ein anderes Mal leise zu meiner Frau sagen und stellte meine Lauscher hoch auf, »da könntest du dem richtig eine reinziehen.«

Meine Schwester wirkte erzürnt, also fragte ich sie direkt: »Schwester, warum wirkst du so erzürnt?«

»Ich hab deiner Frau gerade eine Geschichte über Malvin erzählt«, sagte sie.

»Das dachte ich mir«, erwiderte ich, »aber ich will die auch hören.«

»Du stichelst ihn dann nur die ganze Zeit, in der wir noch hier sind«, intervenierte meine Frau.

»Quatscht jetzt hier nicht rum und erzählt mir die Geschichte«, maulte ich. »Junior will sie auch hören.«

»Nein Papa, will ich nicht«, sagte dieser und zog einen Flunsch. »Ich will zu McDonalds.«

»Da habt ihr es klar und deutlich gehört«, sagte ich etwas forcierter. »Junior will die Geschichte auch hören.«

Ich versprach meiner Schwester, dass ich all ihr Gesagtes nur dann verwerten würde, nachdem sie den Rotstift angesetzt hätte, also fing sie an zu berichten.

»Eines Tages rief eine Verwaltungsmitarbeiterin aus Tadschikistan bei Malvin in Moskau an und teilte ihm traurig mit, dass einer seiner früheren Hauswächter in Duschanbe gestorben sei, und ob er die Witwe mit einem einmaligen Geldbetrag unterstützen wolle. Also für die Beisetzung und so weiter. Bei gläubigen Moslems müsse die Beerdigung innerhalb von 72 Stunden nach dem Tode des Betroffenen stattfinden. Kreidebleich hat Malvin das Telefonat beendet und ist anschließend hin- und hergelaufen wie ein Köter über den Hof. Und aufgeregt hat er sich. Wie die sich das vorstellen würden. Und er habe den Verstorbenen doch zu Lebzeiten schon des Öfteren finanziell unterstützt.«

Meine Schwester tätigte eine kurze Pause, während der sie, wahrscheinlich in Erinnerung versunken, das

Gesicht verzog und mit dem Kopf schüttelte. Dann fuhr sie fort: »Jedenfalls sah diese angebliche finanzielle Unterstützung in Wirklichkeit folgendermaßen aus: Er hatte dem Mann hin und wieder mal einen Vorschuss ausgezahlt. Der brauchte nämlich ständig teure Medikamente, weil er, glaube ich, Gelbsucht hatte oder irgendetwas anderes Unschönes.«

»Das ist jetzt ein schlechter Witz, oder?«, fragte ich ungläubig und musste aber trotzdem grinsen aufgrund so viel Dreistigkeit von Malvin.

»Nein, ist es nicht«, antwortete sie. »Ganz im Gegenteil. Er hat den armen kranken Mann außerdem noch jedes Mal mit erhobenem Zeigefinger ermahnt, dass dies mit den Vorschusszahlungen aber nicht zur Gewohnheit werden dürfe. Denn sonst würden die anderen Mitarbeiter auch ankommen und so etwas in Anspruch nehmen wollen. Denn sei ein Präzedenzfall (dieses Wort muss er wohl irgendwo im Amt aufgeschnappt haben) erst einmal geschaffen, dann würden sich alle anderen immer auf diesen berufen und das sei dann in höchstem Maße ärgerlich. Dabei wollte das arme Schwein keine Moralpredigt von Lord Hausmeister haben, sondern lediglich sein klägliches Dahinsiechen etwas hinauszögern.«

»Was für ein Arschloch!«, entfuhr es mir aufgebracht und ich meinte selbstverständlich Malvin damit. »So hätte ich den nie im Leben eingeschätzt«, knurrte ich weiterhin. »Ein bisschen Geiz? Na von mir aus. Eine miserable Schulbildung? Okay, Schwamm drüber. Aber was zu viel ist, ist zu viel.«

»Hätte er dem Mann hin und wieder mal ein Scheinchen zusätzlich und aus eigener Tasche rübergeschoben«, war meine Schwester jetzt wieder dran mit sich aufregen, »dann hätte ich ja nichts gesagt. Aber sich gönnerhaft aufspielen, er habe ihn doch schon öfter unterstützt und hat ihn in Wirklichkeit nur mit dessen eigenem und hart verdientem Lohn etwas früher im Monat, bezahlt, ist der absolute Gipfel.«

»Und was war nun das Ende vom Lied?«, mischte sich meine Frau ein. »Hat er etwas zur Beerdigung dazugegeben?«

»Was fällt dir denn ein?«, entgegnete meine Schwester in gespielter Empörung. »Natürlich nicht.«

Wir schwiegen alle eine Runde, dann nahm sie den Gesprächsfaden wieder auf. »Als ich ihn irgendwann später nochmal deswegen gefragt habe, hat er nur abgewunken und geantwortet, es habe sich doch nicht nochmal jemand bei ihm wegen der Angelegenheit gemeldet.«

Es folgte wieder ein Schweigen, in dem wir uns mit Blicken des Fremdschämens gegenseitig in die Augen sahen.

Schließlich brach ich die Stille, hob den Zeigefinger und sagte oberlehrerhaft: »Dumm frisst viel. Und Hauptsache gesund ist eben doch nicht alles.«

»Hä?«, fragte meine Frau. »Wie kommst du jetzt da drauf?«

»Nur so«, sagte ich. »Wollte die angespannte Stimmung nur ein bisschen auflockern.«

Dann fiel mir eine andere Situation wieder ein. Ich hatte Ihnen ja schon von diesem Schnapskonflikt zwischen Grummel und mir auf der einen Seite und Malvin auf der anderen berichtet.

Also, wir hatten ihm, wie erwähnt, den angeblich so teuren Wacholderlikör weggesoffen, was er ja sinngemäß für eine Unverschämtheit hielt, uns dagegen einen Scheiß interessierte. Einige Tage später rechnete er uns stark angetrunken während eines Dinners sämtliche seiner Schnapspullen plus dazugehöriger Einkaufspreise vor. Bestimmt, damit wir diese nicht auch noch leertranken. Was für ein Idiot! Als ob uns das abgehalten hätte? Zu besagtem Abendessen hatte er nebenbei all seine anwesenden Arbeitskollegen großzügig eingeladen, wahrscheinlich, um einen auf Mäzen zu machen. Seine damalige Lebensgefährtin, also meine Schwester, durfte dagegen ihre Rechnung selbst bezahlen. Für ihn war das vermutlich ein Zeichen von Emanzipation. Da konntest du nur mit dem Kopf schütteln. Er selbst bestellte außerdem zwei Hauptgerichte für sich, weil dem Fresssack ein einzelnes zu wenig war. Ich hatte das übrigens auch gemacht, aber das war eine komplett andere Baustelle.

An dieser Stelle ruft Towarisch Penkov rein: »Wieso war das eine komplett andere Baustelle?

Regen sich über andere auf und fressen selbst wie ein Urzeitvieh!«

Ich quittiere seinen Einwurf mit intensiven Schnarchgeräuschen und berichte anschließend weiter:

Übrigens, eine Woche später teilte meine Schwester ihrem Lebenspartner Malvin mit, dass sie sich von ihm trennen werde, weil die gesellschaftlichen Diskrepanzen zwischen ihrer und seiner Welt, die sie anfänglich noch ganz putzig und unterhaltsam fand, nach mittlerweile drei Beziehungsjahren dann doch nicht mehr überbrückbar seien. Er flog daraufhin kurze Zeit später nach Thailand, um dort endlich mal wieder so richtig ordentlich »Sonne zu tanken!«, wie er es nannte. Er schickte seinen Freunden und Arbeitskollegen auch ein paar echt nette Bilder des Urlaubs und vor allem von seiner neuen thailändischen Freundin. Dies fanden im Amt natürlich alle super, worauf sie ihn nach seiner Rückkehr von offizieller Seite verständlicherweise »So richtig ordentlich verhörten!«, um es mit seinen Worten zu formulieren. Vor allem über das zweifelhafte Alter seiner neuen »Bekannten«.

Was soll man da noch sagen? Diktatoren, Tyrannen, Volkshelden und Vollidioten. Egal ob kleinwüchsig oder eins neunzig groß:

Gib einem kleinen Mann Macht, und er wird sie missbrauchen.

6. Komische Leute und deren Berufe

Einmal, als ich Junior morgens in die Kita brachte, traf ich dort auf einen anderen Papa. Der musterte mich von oben bis unten und hatte dabei ein leicht hämisches Grinsen in der Visage. Der schien ernsthaft zu glauben, ich sei von uns beiden der Loser. Also fing ich an, ihn zu »lesen«. Das hieß im Klartext, ich sah für drei Sekunde in seine Hinterwäldler-Fresse und schien dann alles zu wissen, was ich wissen musste.

Was werden ihm seine Eltern für einen Vornamen gegeben haben?, fragte ich mich. *Bestimmt einen von diesen lächerlich klingenden Namen, wie sie für die 1970er typisch und populär waren. So wie Olaf oder Guido. Oder einen dieser einfallslosen Langnamen der 80er, die dann umgangssprachlich verniedlicht wurden zu Flori oder Micha.*

Eine Tatsache, welche die Träger solcher Namen in einigen Fällen jedoch nicht mit verniedlichte. Wenn man zum Beispiel den Namen Flori hört, da denkt man doch zwangsläufig an einen drahtigen kleinen Bodenturner mit einer langstieligen Rose quer im Mund. Das, was dann aber in Wirklichkeit nicht selten um die Ecke trampelt, ist ein komisch grunzendes Wildschwein, welches mit einer Spraydose die Häuserwände vollschmiert und das Ganze dann auch noch Kunst nennt. In anderen Zeiten hätte man für so etwas eine bewachte Reise nach Bautzen unternommen.

Aber zurück zu unserem Kandidaten in der Kita. Richtig schlimme Vornamen waren auch Thilo, Robbie und Ronny. *Einer von denen wird es schon sein*, dachte ich. *Das geht gar nicht anders.*

Bei den möglichen Berufen rätselte ich zwischen Knastschließer und Busfahrer hin und her. Weil ich mich nicht entscheiden konnte, einigte ich mich schließlich auf Knastbusfahrer. Vielleicht lag ich auch komplett falsch mit meiner Prognose, aber trotzdem.

Azog der Schänder hatte Gefängniswärter oder Knastschließer, wie er sie nannte, und da sprach er wohl aus Erfahrung, einmal als »Gangster in Uniform« bezeichnet. Laut seiner Ansicht waren die Gründe, weshalb es in den Haftanstalten allen möglichen Scheiß zu kaufen gab, also hauptsächlich Drogen, einzig und allein die Wärter. Weil die den Stoff in Labello Lippenstiften hineinschmuggeln würden, um sich ihr Gehalt aufzubessern. Ich wusste zwar nicht, ob das stimmte, hatte solche und ähnliche Geschichten allerdings auch schon von anderen Leuten gehört.

Mit Busfahrern dagegen hatte ich meine eigenen Erfahrungen. Ich weiß, ich weiß, es gibt sehr viele nette unter denen und seit es auch Fahrerinnen gibt, sowieso. Ich hatte vermutlich einfach nur Pech, dass ich oftmals auf die Arschgeigen dieser Zunft traf. Ausgenommen selbstverständlich der Nachbar meiner Eltern, der drei Häuser weiter wohnt. Der war auch Buskutscher, aber den kann ich gut leiden. Der hat nicht nur jede Menge gute Geschichten auf Lager, nein, über den kursieren im

Dorf auch jede Menge gute Geschichten. Unter anderem die, als eines Tages ein kleines, ihm völlig unbekanntes Mädchen in seinen Omnibus stieg und sagte: »Guten Tag Herr Sowieso, ich soll Ihnen schöne Grüße von meiner Mutti ausrichten.«

Da soll er wohl angeblich mit großen Augen aus seinem Dienstoberhemd geguckt haben, als sei er hartleibig gewesen. Auf jeden Fall war er mir als Busfahrer irgendwie sympathisch. Aber was viele seiner Kollegen betraf, diese hatten sich wahrscheinlich ihre dilettantisch gebundenen Dienstkrawatten aus Kunstfaser zu eng um den Hals geschnürt oder sie verspürten in ihren Schädeln ein leicht größenwahnsinniges Gefühl der Macht über ihre Fahrgäste, keine Ahnung. Jedenfalls nahmen nicht wenige dieser Brummochsen, mit denen ich es zu tun hatte, tatsächlich an, sie hätten den wichtigsten Job der Welt. Ich versuche, der Sache bis heute manchmal auf den Grund zu gehen. Ohne Erfolg.

Sie müssen sich folgende Situation vorstellen. Da kam einer in der Vergangenheit mit seinem rumänischen Billigfahrzeug in unsere Autowerkstatt. Er hatte zwar einen Termin, weil er aber trotzdem zehn Minuten warten musste und kein roter Teppich für ihn ausgerollt worden war, was in jedem dienstleistenden Betrieb schon einmal vorkommen kann, fing er an, Sprüche herauszuhauen, wie: »Ich war 25 Jahre lang Busfahrer und so was wie hier habe ich in meinem ganzen Leben noch nicht erlebt!« Glauben Sie mir, da müssen Sie sich zusammenreißen, damit Sie so jemanden nicht gnadenlos auslachen oder zum Spaß verdreschen.

Also gelacht und gedroschen habe ich damals nicht, aber stattdessen erwidert: »25 Jahre Busfahrer? Na, hätten wir das doch vorher gewusst, dann hätten Sie selbstverständlich eine Sonderbehandlung von uns bekommen - Herr Professor.«

Übrigens hatte uns der Mann dann hinterher mitgeteilt, dass er sein Auto zukünftig in eine andere Werkstatt bringen würde. Und jetzt raten Sie mal. Ja, er kam natürlich weiterhin zu uns angeschissen, weil er woanders erst gar nicht dran kam. Denn was solche Leute einfach nicht kapieren: Viele Firmen verständigen sich untereinander und warnen sich vor Terrorkunden und Wanderheuschrecken.

Wanderheuschrecken sind Leute, die den ganzen Tag durch die Gegend pilgern, Preise vergleichen und frech werden. Oder die besonders Harten, 50 Kilometer zu einer Tankstelle fahren, weil dort der Sprit einen Cent billiger ist. Gott ist echt ein Komiker. Ich habe noch ein paar ähnliche Geschichten auf Lager, aber die erzähle ich Ihnen ein anderes Mal.

Und immer, wenn ich kühne Sprüche über vollkommen verblödete Typen ablasse, die sich irgendetwas nicht Nachvollziehbares auf ihre Berufe oder sonst was einbilden, werde ich eines Besseren belehrt.

Wir hetzten zum Beispiel mal in Moskau einem O-Bus hinterher, den wir gerade verpasst hatten. Der Busfahrer sah dies im Rückspiegel, hielt noch einmal an und ließ uns zusteigen. Ich beschloss, sämtliche Vorurteile über Buslenker zu vergessen, und sah auch darüber hinweg, dass unser Fahrer Mühe hatte, die Augen hinterm Steuerrad offen zu halten.

Am nächsten Tag sahen wir den Bus bereits an der Haltestelle stehen und unser Weg war nicht mehr weit. Wir erreichten ihn entspannt und in der Sekunde, als wir ihn besteigen wollten, schlossen sich direkt vor unseren Nasen die Türen und er fuhr ohne uns ab. Und schon war meine Welt der universell globalen Ressentiments über stupide Tätigkeiten und ihre ausführenden Organe Gott sei Dank wieder im Lot.

Zur Strafe fuhren wir allesamt und geschlossen schwarz, als wir den nächsten O-Bus bestiegen. Die beiden für alle total erkennbaren Fahrkartenkontrolletten, Typ »mongolische Peitschenweiber«, hatten wohl Verständnis für unseren Betrug, denn sie stiegen ausgerechnet an jener Station ein, an welcher wir zufälligerweise hinaus mussten. So ein Pech aber auch für die. Na ja, eigentlich war es eine Haltestelle zu früh, aber da lief ich lieber ein Stück, als mich mit denen herumzuärgern. Die Beamtinnen sahen nicht so aus, als wenn sie Spaß verstünden. Ich warf noch einen Blick von außen durch die Scheibe. Die eine der beiden erinnerte mich an meine Tante aus dem Westen und ich erschrak kurz aufgrund der Ähnlichkeit zu ihr. Vor dieser Tante hatte ich als Kind immer eine leichte Furcht. Sie kam meistens über die Osterfeiertage zu ihrer buckligen Zonenverwandtschaft in den Osten, also zu uns. Wahrscheinlich der jährliche Pflichtbesuch, um ihr schlechtes Gewissen zu beruhigen. Natürlich wurden am Schluss auch jede Menge Nordhäuser Doppelkörner und Produkte von Carl-Zeiss Jena wieder mit zurück in den Westen genommen und somit die desolate Wirtschaft in der DDR unterstützt. Ich weiß noch, dass ich als Kind wegen jedem Scheißplastikspielzeug schon ein halbes Jahr vor Erscheinen meiner Tante einen ellenlangen Bettelbrief geschrieben habe, weil meine Gier größer war als mein Stolz. Das hatte sie mir dann auch jedes Mal vorgehalten.

»Du schreibst doch nur, wenn du was willst!«, schwadronierte sie herum. Klar. Wegen was sonst sollte ein siebenjähriger Junge denn einen Brief an eine bösartige Tante in den Westen schreiben? Diese Tante hatte auch einen Sohn, der in Westberlin wohnte. Der kam uns hin und wieder übers Wochenende besuchen. Jedes Mal in seinem neuesten Porsche. Was rote Autokennzeichen zu bedeuten hatten, wusste damals ja kaum einer von uns. Ein paar Jahre später erfuhr ich, dass besagter Cousin öfter mal vor Geldautomaten gestanden haben soll und eine Weile überlegen musste, welche seiner Bank- oder Kreditkarten er da hineinstecken konnte, damit sie auch wieder herauskam. Und wenn er ganz viel Glück hatte, sogar noch etwas

Bargeld hinterher. Aber das war in seinen Augen alles nicht so wichtig. Erstens: Hauptsache einen Flugschein in der Tasche, damit er sich Pilot nennen durfte, und zweitens: Den bekloppten Ossis da drüben immer schön für drei Tafeln Milka und fünf Überraschungseier einen Haufen Scheiße erzählen, damit die bloß nichts hinterfragten und dann vielleicht ihre Hausschlachtewurst nicht herausrückten!

Als Erwachsener und schon ein paar Bücher weiser, erkannte ich auch eines Tages, weshalb ich immer eine gewisse Distanz zu meiner Westtante hatte. Abgesehen von der Staatsgrenze natürlich. Die Tante war in meinen Augen der Beweis dafür, dass Dschingis Khans Erben auf ihren Beutezügen durch Europa auch entlang der Elbe ordentlich gewütet haben mussten. Vor allem unter den Frauen. So wurde das Mongolenblut bei uns eingeschleppt und weitergegeben. Auch in mir floss ein Teil davon. Manchmal, nach einer durchzechten Nacht, sah ich morgens in den Spiegel und dachte: *Oh mein Gott, eine leichte Form von Trisomie starrt da zurück.* Und dann dachte ich: *Nee, zum Glück doch nicht. Ich bin bloß ein Nachfahre des Khans und ein bisschen Größenwahn ist nicht so schlimm.*

Und weil wir gerade so schön beruflich herumlästern. Da kommt mir dieser drittklassige Gebrauchtwagenhändler in den Sinn, mit dem ich es vor mittlerweile 20 Jahren für ein paar Monate beruflich zu tun hatte. Ich war damals ein junger Mensch mit einer Menge Dummheiten im Kopf und den bewusstseinserweiternden Substanzen vielleicht nicht komplett abgeneigt. Mein guter Kumpel *Mister T*, mit dem ich über alles sprach, berichtete mir eines Tages, dass jener Typ vor ein paar Wochen auf einer Geburtstagsfeier, als es unter anderem auch um mich und meine derzeitigen, von der Öffentlichkeit nicht unbemerkt gebliebenen, Aktivitäten ging, ziemlich abfällig über mich gesprochen hatte. Und dass sich anschließend, als jener Typ weg war, nicht wenige, über ihn und sein heruntergekommenes Autohaus lustig gemacht hatten.

Da stellte man sich doch glatt folgendes trauriges Zukunftsszenario vor: Da sitzt dieser alte senile Trottel, total verarmt und nichts mehr besitzend, außer seiner aufgeblasenen Borniertheit, in irgendeinem versifften Altersheim herum. Dort langweilt er seine Enkel und Urenkel – denn von denen hat er reichlich nach 50 gescheiterten Ehen oder so - die einmal jährlich zu seinem Geburtstag zu einem kurzen Höflichkeitsbesuch erscheinen müssen und sich innerlich nichts sehnlicher wünschen, als dass der Alte endlich abkratzt, immer wieder mit derselben Geschichte zu Tode. Er zeigt mit seinem krummen Finger auf ein Bild von meiner Wenigkeit aus irgendeiner Tageszeitung und krächzt: »Der hat mal für mich gearbeitet. Aber ich musste ihn am Ende entlassen. Ich glaube, der hat Drogen genommen.« Anschließend sehen sich all seine Nachfahren, die durch die Bank weg den Eindruck erwecken, besagte Drogen gehören zu ihren täglichen

Grundnahrungsmitteln, verstohlen und dümmlich grinsend reihum in die Gesichter und denken allesamt haargenau dasselbe: *Erzähl uns doch einfach noch mehr Geschichten über andere, die gefühlte 2000 Jahre zurückliegen und keine Sau interessieren, weil du nichts Interessantes über dich selbst zu berichten weißt, du alter Zombie!*

Genau das werden sie über ihn denken, malte man sich da aus, diese undankbaren Plagen. Und bei dem Gedanken tat er einem fast schon wieder ein bisschen leid, der alte Mann mit seinem Meer der Erinnerungen.

7. Die Arroganz des Handwerks, alter Adel und neue Präsidenten

Eines Morgens erhielt ich von meinem Kumpel *Mister T* eine Whatsapp Nachricht mit einem Fragezeichen samt Foto, auf dem ein Teil des Cockpits seines Mercedes` abgebildet war. Ich erkannte das Symbol der Reifendrucküberwachung, welches gelb aufleuchtete.

»Komm vorbei«, schrieb ich zurück. »Irgendein Reifen verliert Luft. Ich sehe nach.«

Eine Stunde später erschien *Mister T* in der Werkstatt und ich nahm eine Messuhr zur Hand. Ich prüfte den Reifenluftdruck an allen vier Rädern seines Wagens und maulte ihn anschließend voll: »Mann, Mann, Mann. Du kannst bei einer E-Klasse mit solchen Riesenwalzen, die da drangeschraubt sind, nicht nur einen Reifendruck von 1,8 bar fahren. Klar, dass das System dann meckert. Als Konsequenz davon brauchst du jetzt vier neue Reifen, weil der niedrige Luftdruck über einen längeren Zeitraum dazu geführt hat, dass sich das Profil unverhältnismäßig schnell und ungleichmäßig abgenutzt hat.«

Mister T zog daraufhin seine Stirn angenervt in Falten und schoss zurück: »Immer diese Arroganz von euch Autoschlosser-Heinis. Das kotzt mich so an. Da fährt man früh morgens gut gelaunt mit seinem hartverdienten Mercedes in die so was von überhaupt nicht Mercedes-Fach-Werkstatt und wird dort erstmal vom Mechaniker mit irgendeinem Fachgesülze zusammengeschissen.« Er tätigte eine kurze Pause, in welcher er tief Luft holte, dann schimpfte er weiter: »Oder glaubst du ernsthaft, ich habe irgendein Wort von dem verstanden, was du da von dir gegeben hast? Bestell mir einfach vier neue Reifen und gut ist.«

Ich sah ihn an, hob den Daumen und lachte mich kaputt über seine brillante Vorstellung. Er stimmte mit ein und wir stießen unsere Fäuste zusammen. Ein paar Sekunden später brummte es in meiner Hose. Es war mein Telefon, welches mir damit zu verstehen gab, dass eine Nachricht angekommen war. Ich holte es hervor und sah auf das Display. Es war die Stadträtin, die um Rückruf bat.

»Okay«, sagte ich zu *Mister T*, »Ich muss jetzt ein bisschen Bürokram erledigen.« Was im Klartext hieß, ich wollte mich auf dem Klo einschließen, damit ich in Ruhe telefonieren konnte. »Ich bestell dir neue Reifen und melde mich dann. Und jetzt scher dich auf Arbeit.« Ich wollte schon losgehen, doch dann drehte ich mich noch einmal herum, klatschte mir theatralisch gegen die Stirn und warf hinterher: »Ach so, habe ich doch glatt vergessen. Du hast ja keine Arbeit.« Anschließend lachte ich meckernd wie eine Ziege. *Mister T* grinste zurück und zeigte mir den Mittelfinger. Danach stieg er in seinen Mercedes und fuhr davon.

»Was gibt‘s denn?«, fragte ich in den Hörer.

»Hast du die Tagungsgebühr für deine Aufnahme in den Olymp schon überwiesen?«, antwortete die Stimme der Stadträtin mit einer Gegenfrage.

»Hat er«, antwortete ich in der königlich dritten Person.

»Gut, dann bis nächste Woche Freitag!«, sagte sie im gewohnten Befehlston einer Ex-Polizistin. »Ihr braucht nicht selbst fahren, wir holen euch gegen 15 Uhr ab!«

»Super, danke, freu mich. Bis dahin«, erwiderte ich und anschließend beendeten wir das Gespräch. Danach rief ich sie gleich nochmal an und sagte: »Ach und Stadträtin?«

»Was denn?«

»Gutes Gespräch.«

»Du bist doch bescheuert!«

»Ich dich auch.«

Den übernächsten Freitag begaben wir uns allesamt auf den Weg in eine historische Universitätsstadt im Harz. Als angehendes Neumitglied einer altehrwürdigen Gesellschaft sollte ich heute Abend in diese eingeführt werden.

Allesamt bedeutete: die Stadträtin, der Kommissar, der Mayor, meine Frau und ich. Ach so und außerdem eine Frau, der man Genialität nachsagte, wenn ich das richtig verstanden hatte. Im Kleinbus des Kommissars muffelte irgendjemand ein bisschen unangenehm. Ich hegte einen Verdacht, sagte aber ausnahmsweise nichts, weil ich an jenem sonnig herbstlichen Freitag niemanden diskreditieren wollte. Also wenn es unerträglich gewesen wäre, dann natürlich schon. Dann wäre ich selbstverständlich in eine aggressive Beweisführung getreten und hätte anschließend vorgeschlagen, die betreffende Person auf das Wagendach zu schnallen. Immerhin war das Wetter schön, also kein Problem.

Vor Ort sollte noch Medaillenträger Doktor Vince zu uns stoßen. Damit wäre das Rudel aus dem wilden Osten komplett. Oder, wie wir höchstwahrscheinlich bei der ehrenwerten Gesellschaft hinter vorgehaltener Hand genannt wurden, »die abtrünnigen aufmüpfigen Ossis«.

Der Mayor sollte außerdem an diesem Abend ins Präsidium gewählt werden, was dem muffigen Ensemble nach vielen Aussagen dringenden und klischeebehafteten frischen Wind verleihen würde. Was dies jetzt genau bedeutete, erfuhr ich zirka zwei Stunden später. Wir checkten also in diesem Tagungshotel ein und mussten anschließend erstmal jede Menge Hände schütteln. Anderen Mitgliedern der Gesellschaft, dem akademischen Rat, dem Präsidium, Adligen, Professoren und den dazugehörigen Damen. Allesamt teuer aussehend. Schätzungsweise liefen dort 5000 Jahre Geschichte herum. Und das meine ich wortwörtlich. Die meisten von denen haben die Namensgeber der Gesellschaft wahrscheinlich noch persönlich gekannt. Aber ich will hier auf keinen Fall respektlos erscheinen. Immerhin hatte ich es dort mit großartigen Wissenschaftlern und den adligen

Nachkommen der Gründerväter zu tun. Also ich kannte von diesem Hofstaat selbstverständlich niemanden. Und die mich im Gegenzug natürlich auch nicht. Das wollten die offenbar auch nicht. Denn bei der später stattfindenden Vorstellung der Neumitglieder – Originaltext: »Neun oder zehn«, das wussten sie wohl selber nicht so genau – wurde ich doch glatt übergangen, also nicht benannt. Dies fand ich aber nicht weiter tragisch, denn zwischen diesen ganzen verdienten Größen, die dort herumsaßen, fiel ein Automechaniker, der sich nebenher als Schriftsteller für Trivialliteratur verdingte, auch nicht weiter auf. Außerdem hatte mir die Stadträtin zu Recht verboten, jedes Mal einen Diener zu machen, wenn ich mich vorstellte.

Ich belauschte ein Gespräch von zwei Männern hinter mir.

»Herr Doktor Sowieso, was ich Sie schon immer einmal fragen wollte, haben Sie eigentlich schon etwas veröffentlicht?«

»Ja ja, also ich bin gerade dabei mein Buch über Politik aus der Sicht eines Aerodynamikers zu beenden und ein kleiner, aber feiner Verlag wird es veröffentlichen.«

»Ehrlich? Wie hoch wird die Startauflage sein?«

»So im mittleren dreistelligen Bereich. Also 400 bis 500 Stück.«

»Na alles klar«, raunte ich vor mich hin, als ich dies hörte. Ich schüttelte den Kopf und grinste dabei, worauf mir die Stadträtin einen warnenden Blick zuwarf. Als Nächstes dachte ich: *Gib doch einfach zu, dass du 500 Exemplare von diesem Scheiß von deinem eigenen Geld drucken lässt. Kein richtiger Verlag würde das herausbringen, weil den Inhalt kein Schwein interessiert und du lediglich deine Umgebung damit zu Tode langweilst.*

Also ich war ja vielleicht an jenem Tag nur der Hooligan aus der Arbeiterklasse im Saal. Geduldet, jedoch nicht wirklich erwünscht. Aber ich war mit absoluter Sicherheit jemand, der einen echten Buchvertrag in der Tasche hatte. Und genau deshalb kannte ich mich im Verlagswesen auch ziemlich gut aus. Eine Tatsache, die man bei gefühlten 700 Absagen der großen Verlagshäuser auch erwarten durfte. Vor allem erkannte ich, wenn sich jemand in diesem Bereich etwas aus den Fingern sog. Denn auch die kleinen, aber feinen Verlage, wie der Herr sie nannte, die ihren Autoren Geld dafür bezahlen, während sie deren Bücher veröffentlichen, vermarkten und verkaufen, starten in der Regel mit einer Auflage von 1000 Exemplaren. Und dies wusste ich zufälligerweise genau, denn bei meinem letzten Machwerk war das der Fall. Allerdings handelte es sich dabei um leichte anspruchslose Lektüre. Hätte ich hingegen eine Abhandlung über Politik aus der Sicht eines Kuckuckslüfters, oh Verzeihung, ich meine selbstverständlich Aerodynamikers, geschrieben, dann sähe die Sache wahrscheinlich anders aus. Mein Verlag würde in so einem Fall, wenn er es denn mir zuliebe überhaupt veröffentlichen würde, vermutlich auch nur mit einer Startauflage von 100 Stück beginnen. Es müssten schließlich erstmal 100 Personen gefunden werden, die sich bereit erklärten, 20 Euro für so einen Mist auf den Tisch zu legen. Von lesen will ich erst gar nicht anfangen. Dann doch eher, als Unterlage für einen schief stehenden uralten Kleiderschrank, von dem man sich irgendwie nicht trennen kann, weil darin ein paar verstaubte Faschingskostüme aufbewahrt werden. Also unter anderem Opas alte Militäruniform.

Aber was rege ich mich schon wieder auf? Ich wollte Ihnen eigentlich nur demonstrieren, dass in der sogenannten Oberschicht genauso auf den akademischen Putz gehauen wird, wie samstagnachmittags in der örtlichen Sportkneipe nach einem Kreisliga-Fußballspiel. Der Mensch ist eben auch nur ein Primat.

Als ich der Stadträtin, die neben mir saß, davon berichtete, belehrte sie mich: »Hasilein, es kommt bei denen nicht so sehr auf den Inhalt der Schriften oder Verkaufszahlen an. Sondern mehr auf die Reputationen derer, die es geschrieben haben. Und natürlich, mit wem sie sich in der Öffentlichkeit ablichten lassen und wer Werbung für sie betreibt. Aber das lernst du noch.«

Jedenfalls will ich Sie hier jetzt nicht »en détail« mit der dreistündigen Sitzung langweilen. Es hatte echt etwas von einem schlechten Kabarett. Allerdings habe ich trotzdem viel gelacht. Da wurde zum Beispiel von einem adligen Nachfahren der Namensgeber, ich nenne ihn hier datenschutzhalber kurz und knapp »Den Buckligen« - weil er von allen Seiten mit Arbeit überladen wurde und diese am besten in wenigen Sekunden, zur vollsten Zufriedenheit für sämtliche Parteien erledigen sollte - etwas angepriesen und vorgeführt, sodass jeder im Saal dachte, es handelte sich um ein universell einsetzbares Heilmittel gegen Alzheimer. Es nannte sich: »Die neue Homepage der ehrenwerten Gesellschaft«, in der wir Mitglied waren. Anschließend wurde extra betont, dass 4000 der 6000 Euro, die diese gekostet habe, aufgrund von Spenden und Sponsoren bezahlt werden konnte. Dass auf der Seite sogar das Programm zu lesen war, mit dem sie erschaffen wurde, und dies war ein ziemlich bekanntes handelsübliches, musste man fast schon als grotesk bezeichnen. Dies war der Zeitpunkt, als ich das zweite Mal lauthals auflachte, weil es nicht anders ging. Also mein Kumpel Alex, der meine Homepage kreierte, hätte dies besser für unter 1000 Euro hinbekommen. Aber egal, was wusste ich schon? Ich dachte wie immer zu kleingeistig…

So, als Nächster stand unser Mayor am Rednerpult. Dort tat er als Erstes etwas, und das vergesse ich ihm nie, er stellte mich allen Anwesenden inklusive dem Präsidium als neues Mitglied der Gesellschaft vor, denn diese hatten das ja eingangs unter den Teppich gekehrt, und gab zusätzlich einen kurzen Anriss meiner Vita. Anschließend legte er den Jahresbericht über die Tätigkeiten und Errungenschaften der Tochter innerhalb der Muttergesellschaft vor. Dies wurde mit viel Applaus und anerkennenden Gesten honoriert. Jeder im Saal, der noch halbwegs bei klarem Verstand war, ahnte mittlerweile, dass die altehrenwerte Gesellschaft ohne die Arbeit der Tochter bloß ein Haufen alter, bornierter, schwerfällig-akademischer Trottel wäre, die nichts weiter auf die Reihe bekamen außer einer lächerlichen Internetseite für schlappe 6000 Euro. Am Ende waren es dann sogar 7000.

Irgendwann kamen wir zur Wahl des neuen Präsidiums und da wurde es dann richtig albern und öfter auch mal laut im Saal. Da hatten wir also Stimmzettel bekommen, die völlig unübersichtlich, unlogisch und unverständlich waren. Aufgrund der aufbrausenden Diskussionen wusste wohl niemand so recht, was er denn ankreuzen sollte, um einen für ihn wünschenswerten Zustand hervorzurufen. Da wurden zu allem Überfluss, die Stimmzettel für einen der Kandidaten auch mal komplett vergessen zu drucken. Diese wurden dann in panischer Aufregung schnell noch handschriftlich angefertigt. Es war herrlich.

Es reichte auch nicht aus, dass irgendwelche Aussagen des alten Präsidiums einfach mal so hingenommen wurden. Nein, es musste selbstverständlich alles schriftlich belegt und bewiesen werden. Auch wenn es sich nur um die Frage handelte, weshalb eine stimmberechtigte, nicht anwesende Person eben nicht zugegen war. Einige befürchteten wohl, dass diese schnell noch von einem Profikiller beseitigt worden war, damit ihre Stimme keinen Einfluss mehr auf das Wahlergebnis hatte.

Irgendwann ging es dann endlich mit der Wahl los. Es wurden ein neuer Präsident gewählt, Stellvertreter und so weiter. Unter anderem sollte auch der angehende Aero-Politik-Bestsellerautor eine Reihe hinter mir ins neue Präsidium gewählt werden.

Ich hörte im Vorfeld, wie er seinen Sitznachbarn fragte: »Wie mach ich denn den Stimmzettel ungültig?«

»Keine Ahnung«, antwortete dieser. »Machen Sie doch Konfetti daraus.«

»Interessanter Vorschlag, hahaha«, erwiderte der andere in Altkanzler Schröder-hafter Manier karnevalsmäßig lachend.

Ich beging den folgenschweren Fehler und besaß die Unverschämtheit, ich Trottel, dass ich mich nach hinten umdrehte und vorschlug: »Warum wollen Sie denn den Stimmzettel ungültig machen? Sie dürfen sich doch selbst ankreuzen.«

Antwort: »Ach wissen Sie, ich bin mir sicher, dass ich auch so gewählt werde.« Und ganz wichtig hinterher: »Hahaha.«

Okay, dachte ich und sagte: »Na gut. Aber wenn Sie sich nicht selber wählen, haben Sie auf jeden Fall schon mal zwei Stimmen weniger.« Und ich vergaß natürlich auch nicht, hinterher: »Hahaha« zu machen.

Antwort: »Hahaha, der war gut.«

Unser Mann, der Mayor, wurde übrigens kurz darauf als einziger Kandidat ohne Gegenstimmen ins neue Präsidium gewählt.

Nach über drei Stunden Krampf war der ganze Hokuspokus dann endlich vorüber. Na okay, vielleicht noch nicht ganz. Der ein oder andere musste selbstverständlich noch seinen Senf über das alte Präsidium im Allgemeinen ablassen oder einzelnen Personen im Raum noch ein paar Seitenhiebe verpassen, oder eben ordentlich nachtreten.

Ganz besonders der neue Schriftführer und Altkanzler-Schröder-Darsteller eine Reihe hinter mir. Originaltext von ihm: »So, ich möchte mich nochmal in aller Form bei Herrn von Sowieso bedanken (hier meinte er wohl den Buckligen) für die Schirmherrschaft darüber, dass hier eine neue Homepage erstellt wurde.« (Ja, er meinte definitiv den Buckligen.) Dann sagte er weiter: »Da wurde wohl jede Menge Arbeit, Zeit und Geld hinein investiert.« Er ließ eine künstlerische Pause, dann fuhr er fort: »Und jetzt, wo wir die Homepage gesehen haben, wissen wir alle, wir haben nochmal jede Menge Arbeit vor uns. Hahaha.«

Gut, außer ihm lachte jetzt kein anderer im Raum und ja, er hatte recht, die Homepage war vermutlich das Werk eines betrügerischen Stümpers, aber trotzdem, immer schön die Höflichkeit wahren, please. Auf jeden Fall hielt ihn der nicht vorhandene Beifall keineswegs davon ab, weiter herumzupoltern: »Ich würde mich dann auch bereit erklären, im Anschluss mit dem virtuellen Klingelbeutel herumzugehen, um die restlichen Gelder einzusammeln, damit die 6000 Euro Kosten für die Homepage komplett gedeckelt werden können.« Und was hat er abschließend selbstverständlich nicht vergessen? Richtig, Sie ahnen es: »Hahaha.«

Im Anschluss gab es jede Menge Glückwünsche untereinander, die wahrscheinlich nicht allesamt ehrlich gemeint waren, und dann ging es endlich, endlich zum Abendessen. Dafür wurde extra für die feine Gesellschaft ein kleiner Saal hergerichtet und die Ehepartner der Mitglieder durften hinzukommen.

An dieser Stelle wird es vielleicht Zeit, dass ich Ihnen erkläre, wie es überhaupt dazu kam, dass ich zu jenem hochakademischen retroaristokratischen Possenspiel geladen wurde.

Es war in den Iden des Quintilius 2018, als mir eines holden Wochentages ein berittener und parfümierter Herold eine goldene Depesche mit Pfeil und Bogen durch das offene Fenster in die stöfferne englische Tapete meines Esszimmers nagelte. Also kurz gesagt, ich hatte einen Brief von der Post im Kasten. In jenem stand sinngemäß und grob der Wahrheit entsprochen geschrieben: *Wir haben Sie »kreativer autodidaktischer Bürger der Mittelschicht«* (vermutlich aus Gründen der Quote) *in unsere 5.000 Jahre (plus minus) bestehende, altehrenwerte, strenggeheime, genetisch vorzeigbare und elitär nachweisbare Gesellschaft der Herrlichkeit aufgenommen. Im kommenden Oktober findet in der Stadt XY eine wochenendliche wissenschaftliche Tagung mit neuer Präsidiumswahl statt, in welcher der alleralleralllererste hohe Rat verabschiedet wird. Also hinkommen please, und zwar très chic!*

Ja, so war das, ehrlich, plus minus. Aber zurück zum Geschehen.

Jedenfalls, am nächsten Morgen nach dem Frühstücksbuffet, welches durchaus akzeptabel war, wurden wir allesamt in einen Reisebus verfrachtet, denn es waren diverse Besichtigungen und Vorträge geplant. Einige hochinteressant, manche äußerst einschläfernd, was ein paar der Anwesenden auch zelebrierten. Ein ausgiebiges Matineenickerchen im Kolleg. Diese Delinquenten konnte man von den hinteren Reihen hervorragend erkennen. Ihre Schädel fielen immer wieder und in regelmäßigen Abständen wie in Zeitlupe nach vorn oder zur Seite und manchmal war es auch die komplette Person, die da einfach vom Stuhl kippte. Und das wurde nach dem Lunch nicht besser. Es überkam einen der Verdacht, die Kräuterliköre, die man zu sich genommen hatte, um das Wohlbefinden nach dem Verzehr des fettigen Bratens zu steigern, beschleunigten jenen Vorgang der plötzlich aufkommenden Narkolepsie um ein Vielfaches.

Um die Ehre der betreffenden Personen zu retten, muss ich an dieser Stelle der Fairness halber hinzufügen, hörbar gefurzt hat damals niemand, soweit ich mich erinnern kann. Aber die Luft in solch stickigen Hörsälen ist ja sowieso meist nicht die Beste.

Einige der anschließenden Diskussionen entschädigten allerdings für so manche Stunde aufkeimender Langeweile.

Es folgte ein aus dem Kontext gerissener Kommentar: »Ach wissen Sie, als Historiker habe ich ein ernsthaftes Problem mit ihrem Vortrag. Denn was ist mit dem Aspekt der menschlichen Dummheit?«

Der durchaus unterhaltsame Vortrag, den er meinte, kam zuvor von einem Biologen und es ging um Ästhetik, Unordnung und Struktur. Die Relevanz des kritischen Einwurfs des Historikers erschloss sich mir zwar nicht, aber was wusste ich schon? Ich hatte ja auch keinen akademischen Grad.

Apropos nicht vorhandener akademischer Grad: Dies schien wohl auch einen der Professoren des alten Präsidiums an mir zu stören. Ein kleinwüchsiges Männlein, welches sich nicht nur für einen brillanteren Physiker als Georg Christoph Lichtenberg hielt, sondern jenem in Aussehen und Statur auch ziemlich ähnelte. Jedenfalls wollte mich dieser nicht in der altehrenwerten Gesellschaft haben, wie mir der Mayor später beim Dinner berichtete. Meine Verdienste waren dem Professor wohl nicht außergewöhnlich gut genug. Das konnte ich ja auch ein wenig verstehen. Die wollten unter sich selbsternannten Nobelpreisträgern bleiben. Und das war in der Tat irgendwie berechtigt, denn nach ausgiebiger Recherche im Internet fand ich über den kleinen, aber feinen Professor exakt: Gar nichts!

Die Einwände und Bedenken meiner Aufnahme betreffend wurden mit, in seinen Augen, unverschämten Argumenten niedergeknüppelt, wie zum Beispiel: »Der Kandidat schreibt und veröffentlicht Unterhaltungsliteratur aus einem ähnlichen Genre wie der Namensgeber unserer Gesellschaft.« oder »Der Kandidat hielt bereits eine Lesung im ehemaligen Wohnschloss unseres Namensgebers, welche restlos ausverkauft war.«

Aber da ging es mir keineswegs alleine so. Der neue Spitzenpräsidentschaftskandidat, ich nenne ihn in dieser Geschichte kurzerhand Professor Doktor Hugh Hefner, weil das der erste Gedanke war, der mir in den Sinn kam, als der Mann mir über den Weg lief, stand bei einigen Mitgliedern der Gesellschaft so dermaßen in der Kritik, dass diese aus Protest gegen seine Kandidatur erst gar nicht angereist waren. Die Gründe dafür waren folgende: Professor Doktor Hugh Hefner hatte lediglich einen Ehrendoktortitel seines alten akademischen Theaters. Und das war eine absolute Frechheit in den Augen mancher Altmitglieder, denn so einen »Kretin« durfte man doch nicht zum Präsidenten ernennen. Dass Hefner außerdem der Wissenschaft fahnenflüchtig geworden war, indem er vor einigen Jahren ein recht erfolgreiches Buch mit esoterischen Ansätzen veröffentlicht hatte und somit die Möglichkeit von intelligentem Design einräumte, war ihm auch nicht besonders förderlich bei seinen alten Akademikerkomplizen. Seine Situation auf meine projiziert, war er von uns beiden natürlich der Scharlatan, aber ich fand, wir Gescholtenen mussten irgendwie zusammenhalten. Gewählt habe ich ihn trotzdem nicht. Ich habe eine Weile mit mir gerungen, mich dann aber meiner Stimme enthalten. Ich durfte einfach aus Gründen des guten Geschmacks keinem Typen zur Präsidentschaft verhelfen, der solch potthässliche Schuhe an den Füßen trug. Und was war das Ende vom Lied? Entgegen aller Kritik wurde Hefner trotzdem zum Präsidenten gewählt. Und zwar haushoch. Allerdings hatte er auch keinen Gegenkandidaten, doch wen interessierte das schon?

Okay, weiter im Text. Da war wie gesagt dieser Einwurf, den der Historiker dem Biologen während jener teilweise unfreiwillig komischen Tagung, bei der ich zugegen war, an den Kopf warf: »Was ist mit dem Aspekt der menschlichen Dummheit?«

Also ich bin jetzt vielleicht nicht Gottes Prophet »Number One«, aber ich war damals mit Sicherheit nicht der Einzige im Hörsaal, der dem Historiker nach seiner Aussage am liebsten Folgendes geantwortet hätte: »Dass Sie diese Frage überhaupt stellen müssen, ist wahrscheinlich genau das vorliegende Problem.«

Und des Historikers Vortrag selbst ein paar Stunden zuvor, war auch der absolute Gipfel. Nicht nur, dass er einen sehr interessanten Bericht einer Professorin über Lichtenberg-Figuren unterbrach, weil er einen stinklangweiligen Lebenslauf von irgendeinem britischen Offizier, den offenkundig kein Schwein kannte und der irgendwie etwas mit einer »Operation Paperclip« zu tun hatte, von einer Folie ablas. Ja, Sie hören richtig. Von einer Folie auf einem Polylux, wie der letzte *Cro-Magnon-Mensch.* Nicht einmal von einem Beamer.

Ich weiß noch, ich zückte damals mein Handy und recherchierte erstmal im Netz über »Operation Paperclip«. Die gab es wirklich. Das war eine Bezeichnung der Alliierten mit dem Inhalt, sich nach dem Zweiten Weltkrieg sämtliche deutsche Techniker und Wissenschaftler einzuverleiben, damit diese dann für sie genau dasselbe machten, wie zuvor für die Nazis. Außerdem haben die Alliierten damals natürlich sämtliche Forschungseinrichtungen inklusive Material geklaut. Äh, ich meine selbstverständlich umgelagert. Entschuldigung, mein Fehler.

Na ja, auf jeden Fall las der Historiker irgendwelche, seiner Meinung nach immens wichtigen Jahreszahlen von der Folie ab und erzählte dazu irgendeinen Stuss. So, dass selbst einige Herrschaften des hohen akademischen Rates hinterher im Autobus darüber diskutierten, was dieser langweilige Unsinn eigentlich für einen tieferen Zweck hatte, außer sich selbst Gehör zu verschaffen.

Und ob wahr oder nicht wahr, interessierte die meisten im Saal ohnehin nicht, denn die waren während des Gesülzes weggeklappt. Begleitet wurde jede Info aus dem Munde von Professor Doktor Münchhausen mit Auswürfen wie: »Ich habe da auch mal mit jemandem in Washington im Pentagon darüber diskutiert.«

»Na klar, hast du das«, rief ich mit stark verstellter Fistelstimme nach vorn, um kurz darauf mit meiner normalen Stimme hinterherzuwerfen: »Also Herrschaften, ich bitte Sie, Contenance! Ich würde das gerne weiterhören.«

Die Stadträtin und der Kommissar kippten vor Lachen beinahe vom Stuhl nach dieser Nummer. Aber für so etwas war ich schließlich da.

Folgendes war auch noch gut. Sagte der Lügenbaron doch nicht ernsthaft: »Ich war mal bei einem sowjetischen General, Namen darf ich selbstverständlich nicht sagen, hahaha, geladen und wir haben in der Sauna seiner Datscha bei gutem Wodka, ein komplettes Wochenende lang diese Problematik erörtert.«

»Und wieder muss der Russe herhalten«, raunte ich dem Kommissar daraufhin ins Ohr. »Und wenn auch nur für die Märchen eines aufgeblasenen Zeigestocks.«

Wir bekamen danach gerade noch Folgendes von vorn mit: »Bla, bla, bla und Vorsitzender des nationalen Verteidigerforscherrates von 1946 war wer?«

Es folgte Stille im Saal.

»Das wissen Sie nicht?«, echauffierte sich der Lügenbaron künstlich. »Und ich dachte immer, nur meine Studenten wissen nichts!«

Immer noch betretenes Schweigen in den Reihen und ich dachte: Hoffentlich haut der jetzt nicht einen Namen wie Charlie Chaplin raus oder so und ich bin so dämlich und weiß nicht mal die einfachsten Dinge.

Aber dies tat er nicht, sondern rief stattdessen offensichtlich empört: »Mensch Leute, das war James Bryant Conant.«

»Hat der nicht Titanic und Avatar gemacht, als Regisseur?«, fragte ich leise in die Runde.

»Nee, das war James Cameron«, antwortete der Kommissar ebenso leise zurück.

»Herrschaften!«, Baron Münchhausen war nach wie vor pikiert und hatte außerdem die Gesichtsfarbe in zorniges Rot gewechselt aufgrund derartigen Desinteresses an seiner Fachrichtung. »Also ehrlich. James Bryant Conant?«

Die Ruhe im Saal hielt auch nach diesem Vorstoß eisern an.

»Um Gottes willen!«, und hier fand ich extrem witzig, dass ein Physiker solch eine religiöse Metapher benutzte. »Das war ein Präsident von Harvard.«

An dieser Stelle konnte ich nicht mehr an mich halten und rief: »Ach, na jetzt, wo Sie das sagen, ist es mir auch wieder eingefallen.«

Es kamen vereinzelte Lacher, aber die meisten schwiegen unbeirrt weiter oder hüstelten peinlich berührt. Hätte nur noch gefehlt, einige hätten parfümierte Taschentücher hervorgeholt und sich damit den Schweiß des Fremdschams von den Oberlippen getupft. Oder sie hätten sich kleine Riechsäcke voll mit Gewürzen vor die Nasen gehalten, Hofärzten gleich, wenn diese die pestilenzähnlichen, syphilisverseuchten Gemächer des stark riechenden Königs betreten mussten, weil dieser partout seine Bude nicht durchlüften wollte, geschweige denn, sich unten herum waschen, der gesalbte und gekrönte Oberstinker.

Zum Glück schloss der Historiker kurz darauf seinen Auftritt mit den Worten: »Ach, fickt euch doch allesamt! Dummes Gesindel!« (Hat er nicht gesagt, ist gelogen, aber ich hätte mich bepinkelt vor Lachen, hätte er es getan.) In Wirklichkeit bekam er nicht den geringsten Anstandsbeifall. Nicht einmal vom akademischen Rat oder besser formuliert, gerade von dem nicht.

Zumindest hatte der Mann erreicht, dass der zweite Teil des eigentlichen Vortrages, den er dreist mit seinem Müll unterbrochen hatte, abgebrochen werden musste, weil die Redezeit einfach zu Ende war und der nächste Referent bereits neben dem Podium herumhampelte.

Ich hörte dann auch nicht mehr richtig zu, sondern dachte stattdessen ein wenig über Russland nach. Irgendwie schien es zu jeder Epoche schick gewesen zu sein, mit Reisen, Aufenthalten oder angeblichen Ausstellungen im Zarenreich zu hausieren. Ob es da die Schwester war, die man besuchte, oder eben ein DDR-Historiker zu Besuch in der Datscha eines sowjetischen Generals, oder, oder, oder... Es war völlig egal. Hauptsache, man konnte eine Einladung hervorbringen, um die eigene diplomatische Dringlichkeit zu untermauern. Angeblich soll der Mathematiker Carl Friedrich Gauss, also zumindest laut Kehlmanns Buch, ein Angebot über eine Professur aus Sankt Petersburg erhalten haben. Dieses soll er dann als Druckmittel gegen den Herzog von Braunschweig eingesetzt haben, damit der ihm all seine Wünsche erfüllte. Viele russische Herrscher galten eben schon früher als kulturelle und architektonische Schöngeister, die gern ausländische Künstler und Gelehrte in ihr Reich lockten. Selbst Stalin, der alte Banause, hatte es geschafft, den Bau der prächtigen Moskauer Metro zu veranlassen.

Abends gab es ein festliches Dinner mit Dresscode in einem Nebensaal des Tagungshotels. Es wurden diverse Unterhaltungen und Diskussionen geführt. Weil sich niemand der anwesenden Patrizier und des Wissenschaftsadels ernsthaft für den jungen Plebejer, den sie in ihre Gesellschaft aufnehmen mussten, weil er ein paar erstklassige Ideen mitbrachte und den unaufhaltsamen Fortschritt darstellte, zu interessieren schien, hatte dieser, also ich, genügend Zeit, sich voll und ganz dem zu widmen, was eine seiner Lieblingsbeschäftigungen war. Er lauschte aufmerksam dem Hoftratsch ringsumher und verteilte Punkte an die Leute.

Als der neue Präsident Professor Doktor Hugh Hefner, der mittlerweile ein Paar nicht weniger unschöne Slipper mit Bömmelchen trug, das in Ordnung gehende, aber keinesfalls besonders gute Abendbuffet mit den Worten eröffnete: »Wenn ich diese Üppigkeit betrachte, dann muss ich befürchten, heute Abend herrscht in der kompletten Stadt ein Nahrungsmittelmangel, hahaha.« (Also »hahaha« konnten die alle gut) und ich dann anschließend einen Blick auf die fünf Pfannen Kantinenkost, die auf der Tafel standen, hinüberwarf, konnte ich mich nicht mehr zurückhalten und spuckte vor Lachen mein halbes Bier in die billige Zellstoffserviette.

Nach dem üppigen Mahl, wie der neue Präsident es nannte, drückte ich meiner Frau einen Kuss auf die Lippen und sagte ihr, dass ich mit dem Gedanken spielte, mich zurückzuziehen, weil mir der Geräuschpegel im Saal tierisch auf die Nerven ginge.

Hier müssen Sie sich zum besseren Verständnis einfach 100 Leute mit suboptimal funktionierenden Hörgeräten in den Lauschern vorstellen, die sich die ganze Zeit und in einer Tour gegenseitig anbrüllen.

Also verabschiedete ich mich von allen Freunden an unserem Tisch und erhob mich, um zu gehen. Der Kommissar schloss sich mir an, indem er ebenfalls von seinem Platz aufstand und mir zuraunte: »Ich komme mit. Mir reicht's auch!«

Wir liefen dann aus dem Tagungsgebäude des Hotels über den Parkplatz zum Hauptgebäude und passierten anschließend mit kurzem Gruß die Lobby. Nahe dem Fahrstuhl fiel mir etwas ein und ich sagte zum Kommissar: »Ist noch was von dem Bier übrig, das du gestern gekauft hast?«

»Nur noch Alkoholfreies«, antwortete er.

»Ich würde gerne noch ein Richtiges trinken«, erwiderte ich.

Der Kommissar überlegte kurz, dann sagte er: »Ich glaube, die schenken Bier in der Lobby aus. Gestern habe ich dort einen Mann mit halbvollem Glas sitzen sehen.«

Prompt kehrten wir um und stellten fest: Er hatte recht. In der Lobby lag eine Getränkekarte. Also orderten wir zwei Bier beim Nachtportier und machten es uns in den Sesseln der Lounge bequem. Wir entspannten, nippten hin und wieder am Hopfengebräu und führten leichte, nicht kopfschmerzfördernde Konversation. Was im Klartext bedeutete, wir lästerten ordentlich über das Tagesgeschehen ab. Weil wir genau in der Einflugschneise zu den Fahrstühlen der Hotelzimmer saßen, trudelten nach und nach sämtliche Tagungsschlafgäste an uns vorbei. Einige blieben stehen und wünschten uns eine gute Nacht, was wir wohlwollend erwiderten.

Plötzlich kam mein neuer Busenfreund und frisch gewähltes Präsidiumsmitglied »Brauch ich nicht, ich werde auch so gewählt!« Professor Doktor »Wir haben noch jede Menge Arbeit vor uns bla, bla, bla, hahaha« um die Ecke getänzelt.

»Ah! Gut, dass ich Sie nochmal treffe«, rief er und sah überraschenderweise mich dabei an. »Sie sind der richtige Mann!«

Später erfuhr ich, dass, nachdem wir weg waren, noch diskutiert wurde. Danach schien der ein oder andere auf einmal zu denken, dass ich doch interessant genug sei, warum auch immer, sich mit mir abzugeben.

»Wissen Sie, ich hab da noch einen Text zu veröffentlichen, den ich bereits halbfertig habe, aber keine Lust, ihn weiterzuschreiben«, offenbarte er mir. »Wollen Sie das nicht machen? Sie haben doch einen Schreibdienst und ich zahle gut.«

»Handelt es sich dabei um Ihren Aufsatz: Die Politik aus der Sicht eines Aeorodynamikers?«, fragte ich selbstverständlich hochinteressiert.

»Ja!«, entgegnete er freudestrahlend. »Sie haben davon gehört? Das ist ja schön.«

»Ja, wer nicht?«, erwiderte ich ihm zuprostend. Ich überraschte mich selbst jedes Mal dabei, wie ich auch den kleinsten Anflug von Sarkasmus in meiner Stimme unterdrücken konnte, wenn ich denn wollte.

»Und deswegen muss ich auch leider passen«, fuhr ich fort. »Derlei Texte sind erstens überhaupt nicht mein Thema und zweitens habe ich keinen Schreibdienst. Tut mir leid, ich kann Ihnen da leider nicht helfen. Aber Sie finden bestimmt einen passenden Ghostwriter für Ihr Buch.«

Und wenn nicht, fügte ich in Gedanken noch hinzu, *dann ist es auch nicht weiter dramatisch für die Menschheit.*

»Aber ich habe doch eine Visitenkarte von Ihnen.« Dann machte er so, als kramte er in seiner Jackentasche. »Moment, wo habe ich sie denn? Schreiben, schrauben, irgendwas steht doch da drauf?«

»Schreibender Schrauber steht da drauf«, half ich ihm auf die Sprünge.

»Ja, genau«, sagte er. »Das ist kein Schreibdienst? Nicht Ihre Firma?«

»Nein«, sagte ich. »Das ist eine Bezeichnung, die ich vor einigen Jahren von einer Journalistin erhalten habe, die einen Artikel über mich verfasst hat. Es soll eine Art Symbiose zwischen dem Kfz-Handwerk und der Schriftstellerei darstellen. Hat mir gefallen. Habe ich übernommen.«

»Ach so? Sie veröffentlichen selbst?«, fragte er dann und tat offensichtlich überrascht. »Was schreiben Sie denn?«

Ich wartete noch zwei Sekunden, ob er nicht den abgedroschenen Gag mit den »Kochbüchern«, den ich mir in den ersten Jahren meiner schriftstellerischen Versuche andauernd anhören musste, bringen würde, was er aber nicht tat. Also antwortete ich: »Mein letztes Buch war ein humoristischer Abenteuerreisebericht über Tadschikistan und Usbekistan.«

»Ehrlich?«, staunte er, »Das ist ja interessant. Wie kommt man denn da hin?«

»Mit dem Flugzeug«, sagte ich und vergaß dabei selbstverständlich nicht, hinter dieses sehr flache Bonmot das tagungstypische »Hahaha«, nachzuschieben. Im Anschluss sagte ich extra beiläufig: »Ach wissen Sie, ich hatte eine Einladung der deutschen Botschaft in Duschanbe, mit der Bitte, dort eine Buchlesung abzuhalten.«

»Ehrlich?«, rief der Doktor Aeronaut daraufhin und seine Stimme bekam dabei einen quietschenden Unterton nach hinten heraus. »Das ist ja interessant. Erzählen Sie!«

Danach machte er es sich in seinem Sessel bequem, wollte jetzt wohl eine Weile bleiben und ich dachte nur: *Wie einfach es doch ist, die selbsternannte Elite mit Oberflächlichkeiten zu beeindrucken. Hauptsache Reputation und Absender der Einladung stimmen.*

Eigentlich, und das sollte ich mir unbedingt merken, wenn nicht sogar in mein eigenes Repertoire übernehmen, benutzen solche Selbstdarsteller eine öffnende Frage und die daraus hervorgehende Interessenheuchelei nur dazu, um anschließend und ohne den anderen zu Wort kommen zu lassen, lediglich ihre eigenen Geschichten und Vermächtnisse ihrer ach so immensen Leistungen wiederzugeben.

Denn als ich geschlagene 45 Minuten später, nachdem unser Altkanzler Schröder-mäßiger und neu ins Präsidium gewählter Doktor Aeroventilator sich zur Bettruhe zurückgezogen hatte, bemerkte: »Jetzt war er ja ansatzweise sympathisch«, entgegnete der

Kommissar: »Na ja, das Problem ist, ich habe in den letzten Jahren immer wieder dieselben Geschichten von dem gehört.« Dann hob er den Zeigefinger. »Und zwar exakt wortwörtlich!«

»Vielleicht auswendig gelernt?«, vermutete ich. »Oder es hat sich im Laufe der Jahre aufgrund der ständigen Wiederholungen in sein Hirn eingebrannt.«

»Oder«, sagte der Kommissar, »es handelt sich um eine alternative Variante von Alzheimer.« Dann lachten wir und ich fügte noch hinzu: »Gefangen in der Endlosschleife des Märchenlandes.«

Als nächster betrat der letzte männliche adlige Nachfahre eines der beiden Namensgebers der Gesellschaft die Bühne respektive Hotellobby. Er wünschte uns eine gute Nacht und wollte sich anschließend zu den Fahrstühlen begeben.

Kurz entschlossen rief ich hinterher: »Herr von und zu, möchten Sie sich zu uns gesellen und noch ein Bier mit uns trinken?«

Er schien kurz zu überlegen, dann nickte er, ließ sich neben mir in einen Sessel fallen und sagte: »Warum nicht? Sehr gern.«

Anschließend orderte er ein Pils beim Nachtportier und ließ es auf sein Zimmer buchen. Als das Getränk kurze Zeit später serviert wurde, klimperten die Gläser beim freundlichen Anstoß, man wünschte sich eine erfolgreiche Zusammenarbeit und nahm daraufhin einen großen Schluck des gut gekühlten Göttertrunkes.

Eine Minute später betraten meine Frau, die Stadträtin und der Mayor die Lobby und gesellten sich ebenfalls zu uns. Die Stadträtin zwinkerte mir zu und flüsterte in mein Ohr: »Wir hatten soeben noch ein paar interessante Gespräche. Es ging unter anderem auch um Dich.«

»Moi?«, spielte ich den leise Verblüfften und Weltgewandten, der der französischen Sprache mächtig war. »Pourquoi?«

»Ja ja, spinne hier nicht rum!«, entgegnete die Stadträtin in ihrer unnachahmlichen charmanten Art und Weise. »Jedenfalls steht man unserer Idee, einen Literaturwettbewerb zu initiieren, wohlwollend gegenüber«, sagte sie als Nächstes. Und dann fügte sie noch lächelnd hinzu: »Aber was blieb ihnen auch anderes übrig?«

»Sehr gut«, sagte ich und nickte zufrieden.

Danach widmeten wir uns voll und ganz der Konversation mit Herrn von und zu und dieses Mal war ich bestimmt ernsthaft der Überraschteste im Raum, als jener plötzlich in meine Richtung äußerte: »Ach, wissen Sie? Sie können Autos reparieren und Bücher schreiben. Ich kann keines von beiden.«

Anschließend lächelte er kryptisch und ich wartete, dass er vielleicht noch irgendetwas Sarkastisches hinterherwarf.

Der Grund dafür war, und in dieser Szene muss ich wieder meinen Kumpel *Mister T* ins Spiel bringen, denn an irgendeiner Stelle sind die Herrschaften ja alle gleich, *Mister T* hatte, einige Zeit zurückliegend, etwas ganz Ähnliches zu mir gesagt: »Ich kann absolut nichts! Ich bin einfach nur reich.«

Als von Herrn von und zu allerdings nichts dergleichen kam, ich also nicht genau wusste, ob er es jetzt anerkennend oder herablassend gemeint hatte, nahm ich es einfach als Kompliment hin. Schon die Tatsache, dass er überhaupt etwas über mich wusste, während ich ihn bei der zuvor stattfindenden Präsidiumswahl noch für einen buckligen Trottel hielt, zeigte mir erneut auf: »Unterschätze niemals irgendjemanden. Ganz egal, wie er auch auf Dich wirken mag.«

Gewissermaßen verband den altadeligen Nachfahren, den neuen Präsidenten und mich eben auch der Sachverhalt, dass wir einigen Teilen der »Altvorderen« ein Dorn im Auge waren. Ich, weil ich ein Prolet ohne akademischen Titel war, denn was galt da schon ein Meisterbrief oder Bachelor Professional, wie es neuerdings heißt, einer 500 Jahre alten Institution, die man »Deutsches Handwerk« nennt? Der neue Präsident, weil er unter anderem Zen-Buddhist war. Und der Herr von und zu, der nur deshalb mitmachen durfte, weil er einen hohen Namen trug und ein Tropfen blauen Blutes in seinen Adern floss.

Oder, wie es mein neuer bester Freund und Neupräsidiumsmitglied und Altkanzler Schröder-hafter Herr Doktor Aeroflot laut und treffend bemerkte, nachdem wir zuvor festgestellt hatten, dass sein Vater, genau wie ich, ein Studienabbrecher war: »Hahaha, ihr seid alte Leidensbrüder, hahaha.«

Darauf ich: »Hahaha.«

Darauf er wieder: »Hahaha.«

Darauf alle Anwesenden im Chor: »Hahaha.«

Man bekam vor lauter »Hahahas« die Tür nicht zu, kann ich Ihnen sagen.

Am nächsten Morgen nach dem Frühstück checkten wir aus und fuhren anschließend noch einmal mit dem gecharterten Bus in die Innenstadt. Es war eine geführte Stadtbesichtigung geplant. Wir erfuhren etwas über sämtliche berühmte Frauen und Männer der Umgebung. Hauptsächlich Männer. Es schienen hier aus dieser Stadt lediglich berühmte Söhne zu stammen. Es waren eben chauvinistische Zeiten damals im 18. Jahrhundert. Und Frauen durften erst über 100 Jahre später studieren. Wer weiß, wo wir heute sonst stünden? Wahrscheinlich hätten wir den Dieselskandal und die Elektroautodebatte schon während des 1. Weltkrieges gehabt.

Es zeugten glänzende Namensschilder an vielen Häuserwänden der Innenstadt von den ruhmreichen Prachtkerlen, die einst dort lebten.

Aber ich meine, sind wir ehrlich: Wer kann denn heutzutage mit absoluter Sicherheit verifizieren, ob das wirklich so war? Hören Sie mir bloß auf mit den Scharlatanen von Historikern. Die wissen auch nur das, was irgendein anderer von ihren Vorgängern irgendwann mal in ein Buch gekritzelt hat. Das erste Evangelium zum Beispiel soll erst rund 70 Jahre nach der Kreuzigung von Jesus geschrieben worden sein. Na schönen Dank auch. Geht‘s noch? Unsereins hat noch Originalfrontgeschichten vom Opa gehört. Und seine Narben und Schussverletzungen reichten als Beweise. Und es hat für mich auch einen Grund, dass das englische Wort »History« »Vergangenheit« bedeutet und das deutsche Wort »Geschichte« irgendwie nach »Märchen erzählen« klingt. Aber was rege ich mich schon wieder auf?

Einer der anwesenden ehrenwerten Professoren äußerte, und es war ausgerechnet jener, der mich nicht in der Gesellschaft haben wollte, Folgendes: »Ich finde, diese uralten Namensschilder könnten nun wirklich langsam einmal ausgetauscht werden!«

»Aber die sind doch noch klar und leserlich«, entgegnete daraufhin eine andere Person.

»Ja, aber so meint der Herr Professor das nicht«, mischte sich eine dritte Stimme in das Gespräch ein. »Er meint, die alten Namen sollten langsam ausgetauscht werden. Vermutlich unter anderem gegen seinen eigenen.«

Falsches Gelächter und vereinzelte »Hört - hört!« Ausrufe durchzogen anschließend den Tross. Jenes Mal war ich es, der ausnahmsweise den Scheibenwischer vorm Gesicht tätigte. Dabei stellte ich mir vor, dass es eigentlich witzig wäre, wenn Gott oder Teufel, oder wer auch immer, eine Handvoll Blitze gen Erde schicken, den akademischen Haufen sprengen und den

Unverschämtesten unter ihnen zeigen würde, was er von ihrer promovierten Diarrhö hielt.

Nach der Stadtführung wurden wir zurück zum Hotel kutschiert, wo ein mittelgroßes Verabschiedungszeremoniell stattfand. Eine blaublütige, aber braunäugige Dame hielt mir erhaben ihre behandschuhte Hand zum Kusse hin. »Sie sind also der Herr Schriftsteller so und so?« Überraschenderweise sprach sie meinen aus Preußisch-Litauen stammenden Nachnamen völlig fehlerfrei aus. Das erlebte ich auch nicht alle Tage.

»Ja, der bin ich«, sagte ich lächelnd und wechselte anschließend ins erhabene Französisch. »Enchanté.«

Daraufhin verwandelte sich ihr Gesicht zu einer humorlosen Visage. »Nun, das dachte ich mir«, sagte sie und entschwand danach meinem Sichtfeld.

»Alles klar, weiß ich Bescheid«, raunte ich mir selber zu. Anschließend hielt ich meiner Frau den Ellenbogen hin und säuselte mit spitzen Lippen: »Gnädige Frau, würden Sie mir die Ehre erweisen, mich zu unserer Kutsche zu geleiten?«

8. Geheimagenten meiner Cousine

Es muss so um 1989 gewesen sein, also kurz vor der politischen Wende in der DDR. Ich war 14 Jahre alt und hatte in jenem Jahr von meinen Eltern zur heiligen Jugendweihe eine Reise nach Ungarn geschenkt bekommen. Da erinnere ich mich noch gut daran. Drei Tage Hauptstadt Budapest und anschließend zehn Tage Badeurlaub am Balaton. Alles ohne meine Erzeuger, sondern lediglich mit anderen Jugendlichen und Betreuern. Klang vielversprechend für einen Vierzehnjährigen. An diesem Balaton-See waren wir in einem Ferienlager untergebracht, welches komplett mit Stacheldraht umwickelt war. Vermutlich, damit kein ungebetener Gast hineinkam oder andersherum gesagt, die Insassen, also wir, nicht abhauen konnten. Das Ferienlager lag nämlich direkt neben einem Campingplatz, auf dem hauptsächlich Österreicher ihren Urlaub verbrachten. Hinzu kam, dass zu jener Zeit die ersten Flüchtlingswellen von DDR-Bürgern über Ungarn in den Westen losgingen. Wahrscheinlich deshalb wurden wir in dem Lager besonders streng bewacht.

Die Ungarn, oder wie sie von vielen abfällig genannt wurden: »Die Zigeuner!« – weil in etlichen unverbesserlichen Augen jeder ein Zigeuner war, der zwischen Karpaten und Balkan hauste – sahen uns Ossis damals größtenteils nur als ′böse Deutsche zweiter

Klasse´ an und behandelten uns entsprechend. Aber wir rächten uns wenige Jahre später, als wir auch die D-Mark hatten und kackten sie die Sommermonate über mit harter Währung zu.

Obwohl, ich habe mir sagen lassen, mittlerweile fahren die meisten lieber nach Kroatien. Keine Ahnung, ich fahre gegenwärtig weder da- noch dorthin.

Wie auch immer, ich kam jedenfalls aus Ungarn zurück in einem Schlafwagen der »Deutschen Reichsbahn«, der Eisenbahnlinie der DDR. Hin sind wir in einer russischen Tupolew 154 geflogen. Es war mein erster Flug überhaupt und ziemlich spannend und aufregend für einen Halbstarken, der ich damals war. Zum Glück fand dies alles zu einer Zeit statt, als die Arbeitstiere der Aeroflot noch sicher waren und regelmäßig gewartet wurden, und nicht wie 30 Jahre später aufgrund von Überalterung und Materialermüdung reihenweise vom Himmel fielen.

Egal, ich kam also an einem Freitag oder Samstag, ich weiß es nicht mehr genau, mit dem Zug zurück und meine Eltern holten mich in Halle vom Bahnhof ab. Danach fuhren wir nach Hause, ich sprang in die Badewanne, zog mich hinterher festlich an und anschließend ging es zu einer Hochzeit. Eine meiner Cousinen hatte an jenem Tag zu vormittäglicher Stunde geheiratet. Eine meiner anderen Cousinen nutzte die Gelegenheit und schleppte zur Feier ihren neuen Freund an, um ihn der Verwandtschaft zu präsentieren. Wieder eine andere Cousine - ich habe jede Menge davon und ich mag sie auch allesamt - damals noch in zweiter Ehe getraut, mittlerweile in dritter, brachte logischerweise ihren gerade aktuellen Ehemann mit.

Ich muss da nochmal meine Mutter fragen, wie sich das damals alles genau abgespielt hatte und wer da mit wem liiert und verbandelt war, aber woran ich mich noch erinnere, ist Folgendes:

Der zweifelhafte Höhepunkt der Feier war, dass Neufreund Nummer eins von Cousine Nummer zwei zu Ehemann Nummer zwei von Cousine Nummer drei zur Begrüßung sagte: »Guten Tag.«, und dann mit einem Stirnrunzeln anfügte: »Ich glaube, wir sind uns schon einmal begegnet.«

Daraufhin antwortete Ehemann Nummer zwei von Cousine Nummer drei zu Neufreund Nummer eins von Cousine Nummer zwei: »Ich glaube kaum. Daran könnte ich mich erinnern.«

Das war es aber noch nicht. Keine Angst. Die Feier nahm alsdann ihren gewohnten Lauf. Alle aßen, tranken, rauchten, tanzten und erzählten suffgeschwängertes dummes Zeug. Im imaginären Hintergrund lief allerdings bereits die Melodie vom Weißen Hai. Für niemanden hörbar, aber nichtsdestotrotz vorhanden und stetig, dem Unheil vorauseilend, immer lauter werdend. Und deswegen ließ der Showdown auch nicht lange auf sich warten. Von einem plötzlichen »Brainflash« überkommen, rief Neufreund Nummer eins von Cousine Nummer zwei auf einmal lautstark in die Runde: »Jetzt weiß ich es wieder, wo ich den her kenne.« Und meinte damit keinen anderen, als Ehemann Nummer zwei von Cousine Nummer drei. »Der war einer von den Stasileuten, die mich verhört haben, als meine erste Ehefrau vor ein paar Jahren in den Westen abgehauen ist. Ich vergesse nie ein Gesicht.«

Tja, und danach war erstmal kurz Ruhe im Festsaal der landwirtschaftlichen Produktionsgenossenschaft und anschließend gingen Theater und Tumult aber so was von los!

Da wurden An- und Entschuldigungen hin- und hergeworfen, da wurde Neufreund Nummer eins von Cousine Nummer zwei lautstark von Cousine Nummer drei und deren Mutter kritisiert, wie er so etwas behaupten könne, dies wäre skandalös. Und wenn man neu in eine Familie käme, dann trete man erstmal leise und zurückhaltend auf, bla, bla, bla. Lauter solch ein Unsinn eben. Soweit ich mich erinnere, kam es zumindest zu keiner Schlägerei. Schade eigentlich, aber man konnte ja nicht alles haben.

Es stellte sich einige Tage oder Wochen später heraus, dass das Gedächtnis von Neufreund Nummer eins von Cousine Nummer zwei einwandfrei funktionierte und er recht hatte mit seiner Behauptung. Ehemann Nummer zwei von Cousine Nummer drei stand wirklich in innersten Staatsdiensten.

»Mensch, davon haben wir doch alle gar nichts gewusst!«, hieß es da plötzlich aus sämtlichen Himmelsrichtungen.

Diese alberne Entschuldigung funktioniert auch schon seit den Nazis und weit davor, müssen sich damals wohl einige gedacht haben.

Auf einmal war fast allen in der Verwandtschaft klar, weshalb Ehemann Nummer zwei von Cousine Nummer drei jedes Mal schon früh um acht vor der Tür stand, wenn unsere Westverwandtschaft bei uns Urlaub machte. Der war mitten im Dienst und musste arbeiten, aufpassen und notieren.

Übrigens beendete Cousine Nummer drei einige Zeit später ihre Ehe mit Agent Nummer zwei oder umgedreht, ich weiß es nicht mehr genau. Jedenfalls stellte uns Cousine Nummer drei eines Tages ihren neuen Freund vor: Stirnglatze, Haarkranz und hippen Stein im Ohr. Außerdem hager und irgendwie verdächtig. Und weil Cousine Nummer drei in der Familie jetzt sowieso unter besonderer Beobachtung stand, bekam irgendeiner meiner investigativ emsig tätigen Verwandten heraus, dass auch dieser Typ Mitglied der DDR-Staatssicherheit war.

»Wo gabelt sie nur immer solche Kerle auf?«, fragte mein Vater, von Natur aus mit losem Mundwerk bestückt, damals auf irgendeiner Geburtstagsfeier in die Kaffeerunde. »Hat sie eine Schwäche für Geheimdienstleute, oder was?«

Ich weiß noch, wie ich damals in meinem jugendlichen Leichtsinn von rund 15 Lenzen erwiderte: »Es gibt noch eine andere Möglichkeit. Sie könnte ja auch selbst...«

Ich kam nicht dazu, den Satz zu beenden, weil meine Mutter mir unter dem Tisch gegen das Schienbein trat und vipernhaft zischte: »Sei ruhig!«

Das war eine Aufregung, kann ich Ihnen sagen.

9. Kurti und die Roten Bullen

Ich war mal mit meinem Kumpel Kurti in Leipzig zum Fußball bei den Roten Bullen. Ich will hier keine politische Diskussion über die ganzen verfeindeten Leipziger sogenannten Traditionsvereine entfachen. Lokomotive, Sachsen oder wie die früher hießen: Chemie. Und jetzt noch die angeblich verhassten kommerziellen Bullenschweine von RB. Interessiert mich alles einen Scheiß.

Ich mag RB, schönes Stadion, tolle Atmosphäre, gute, schnelle Spieler. Und es ist mir völlig egal, wo die herkommen, solange sie hierbleiben.

Ich fuhr also mit Kurti, der vom Fußball so viel Ahnung hatte wie ich vom Hochseefischen oder von kommerzieller Textilreinigung, an jenem Mittwoch zu einem Spiel der Roten Bullen, die den späteren und hochverdienten Absteiger VfB Stuttgart empfingen.

»Ich war noch nie zum Fußball«, sagte Kurti, »aber das ist mir egal. Ich freue mich, dass wir uns mal wieder unterhalten können. Wir sehen uns ja nicht so oft.«

»Genau das war die Intention, dich einzuladen, mein Freund«, antwortete ich darauf.

»Und weil du nicht selbst fahren wolltest und einen Chauffeur gebraucht hast«, erwiderte Kurti und grinste.

»So ein Unsinn«, sagte ich und meinte dies auch so. »Du warst gerade mal die zehnte Person, die ich angerufen habe.« Anschließend grinste ich ebenfalls.

Wir hatten etwa eine Stunde Autofahrt vor uns und Kurti berichtete mir währenddessen von seinem Alltag als Erzieher in einem Kinderheim. Zum Beispiel, als eine der Schutzbefohlenen eines Tages zu ihm sagte: »Stellen Sie sich mal vor, meine Mutti saß sechs Monate unschuldig im Gefängnis.« Und worauf Kurti antwortete: »Na, so wie fast jeder, der in diesem Land im Gefängnis sitzt. Alle unschuldig. Eine bodenlose Ungerechtigkeit.«

Darauf die Schutzbefohlene: »Na, was würden Sie denn tun, wenn ihr Mitbewohner einfach seinen Anteil der Miete nicht bezahlen will und sie dann im Rückstand sind?«

»Äh, die Miete bezahlen?«, schlug Kurti vor und dann fügte er noch hinzu: »Aber ich kann dich beruhigen. Ich bin mir sicher, wegen Mietschulden saß deine Mutti nicht sechs Monate im Gefängnis.«

Nebenbei betreibt Kurti zusammen mit seiner Mutter noch ein kleines Hotel, welches sein Großvater bereits als Pension gegründet hatte. Und aus seinem Hotelieralltagsleben erzählte er mir auch noch ein paar Weltklassegeschichten.

Zum Beispiel folgende: Es ging um Renovierungs- und Umbauarbeiten am Gebäude.

»Es ist alles sehr schön geworden«, sagte ich. »Die neuen Zimmer und der Frühstücksraum. Einfach das Ambiente insgesamt. Ihr habt echt Geschmack.«

»Wir haben auch sehr viel Geld und Zeit investiert«, seufzte Kurti. »Hat sich insgesamt über fünf

Jahre hingezogen und es ist immer noch nicht ganz fertig.«

»Aber es hat sich doch gelohnt«, räumte ich ein. »Gefällt mir alles sehr gut.« Dann fragte ich: »Welche Firma habt ihr eigentlich mit den Umbaumaßnahmen beauftragt?«

»Wir haben das alles aufgeteilt«, erzählte mir Kurti. »Hauptsächlich ortsansässige Handwerker. So, dass viele was davon hatten.«

»Haben aber gute Arbeit geleistet«, stellte ich fest. »Also, ich bin kein Experte auf dem Gebiet, aber was ich gesehen habe, finde ich ausgezeichnet.«

»Na ja, nicht jeder war erstklassig«, knurrte Kurti und verzog das Gesicht. »Einer war dabei, der hat uns jede Menge Nerven und Finanzmittel gekostet und wir mussten alles zurückbauen lassen, was er verpfuscht hatte.«

»Echt?«, staunte ich ungläubig. »Wie ist der denn bei euch reingekommen? Du achtest doch eigentlich immer penibel darauf, welche Leute für euch arbeiten.«

»Ja«, sagte Kurti, »Normalerweise schon.« Sein Mund formte sich zu einem Strich, der mich an die Todeslinie eines Vitaldatenmonitors erinnerte.

»In diesem Fall hatte ich das Problem«, berichtete er weiter und kratzte sich währenddessen sein bärtiges Kinn, »dass die Empfehlung für den Handwerker aus der eigenen Verwandtschaft kam. Bei denen soll er wohl angeblich gute Arbeit geleistet haben, aber bei uns? Das ging gar nicht.«

Kurti trank einen Schluck seiner Red Bull-Cola mit Kokaextrakt, dann fuhr er fort: »Einmal zum Beispiel, da habe ich zu ihm gesagt: ′Lothar, das ist doch alles krumm und schief, was du da gebaut hast.′ Seine Antwort darauf war nur: ′Das bleibt alles genauso. Ich fasse das nicht nochmal an.′ Wahrscheinlich hat er gedacht, er muss deswegen Überstunden machen.«

»Warum hast du ihn dann nicht rausgeschmissen?«, fragte ich.

»Das ist dann später auch so gekommen. Aber vorher habe ich es noch mit gutem Zureden versucht. Ich habe ihn zur Seite genommen und gesagt: ′Lothar, das geht uns alles etwas zu schnell.′ Um ihm nicht direkt ins Gesicht zu sagen, du baust hier nur Scheiße.«

»Und ist es besser geworden?«, fragte ich und grinste währenddessen, weil ich die Antwort bereits erahnte.

»Natürlich nicht«, lachte Kurti. »Im Gegenteil. Einmal ist er erst nach über einer Stunde aus der Mittagspause wieder aufgetaucht. Wir dachten schon alle, der ist verschwunden. Eine Alkoholfahne vom Feinsten und gezittert, als hätte er einen halben Tag in der Wipper gelegen.«

»Was für ein Assi!«, empörte ich mich.

»′Lothar, was ist los?′, hab ich ihn gefragt«, erzählte Kurti weiter. »′Hast du was getrunken?′ ′Nein′, hat er gelallt und ist an mir vorbeigetorkelt. ′Ich friere nur so dolle, es ist so kalt.′ Der Witz war nur, draußen war es richtig warm und die Sonne schien.«

»Herrlich«, prustete ich los und lachte mich kaputt. »Was ist danach passiert?«, wollte ich weiter wissen.

»Ich habe ihm gesagt, er soll nach Hause gehen und er braucht auch nicht wiederkommen.«

»Aber du hast es mit Diplomatie versucht«, sagte ich und klopfte Kurti tröstend auf die Schulter.

»Ja«, sagte er. »Aber wenn ich daran denke, was der uns für Nerven und Geld geraubt hat, hätte ich ihm lieber ein paar aufs Maul hauen sollen.«

»Das hätte er sich bestimmt verdient«, räumte ich ein.

»Aber ich habe mich anders gerächt«, schmunzelte Kurti. »Du weißt, ich bin eigentlich ein sehr sozialer Typ.«

»Na, auf jeden Fall«, pflichtete ich ihm bei.

»Aber der Gedanke, dass hart arbeitende Menschen ihre Ersparnisse an so einen Pfuscher verlieren, macht mich jedes Mal wütend«, erzählte Kurti weiter. »Also habe ich Lothar auf meine schwarze Liste gesetzt und überall herumerzählt, dass die den bloß nicht für irgendetwas engagieren sollen, damit dieser Vollidiot nie wieder Schaden anrichtet.«

»Das haste gut gemacht«, bestärkte ich ihn, weil er sich nicht so richtig gut mit seiner Aktion fühlte.

»Ich habe lange mit mir gerungen, weil das doch ganz schön fies von mir war. Aber manche Dinge muss man einfach tun, um die Welt vor noch schlimmeren Katastrophen zu schützen.«

»Ach, wem sagst du das, mein Freund?«, seufzte ich und blickte in die Kamera. Ein Blitzen durchfuhr meine Augen. »Mist, das wird ein Strafzettel!«, fluchte ich.

Als wir in Leipzig eintrafen, bekamen wir tatsächlich noch einen Parkplatz ganz in der Nähe des Stadions und dies, obwohl wir erst 30 Minuten vor Spielbeginn eintrafen. Zum Glück waren Mittwochabendspiele aufgrund des ungünstigen Zeitpunktes für Werktätige meistens nicht ausverkauft. Eine Tatsache, die uns an diesem Tage allerdings überhaupt nicht störte. Wir liefen die fünf Minuten zur Arena zusammen mit tausenden von anderen Fans und genossen den sonnig schönen Herbstabend. Die Leibesvisitation und Ticketschranke hinter uns gebracht, standen wir vor der Buletten- und Würstchenbude und ich sagte zu Kurti: »Nur zur Info, hier gibt es nur was zu essen. Getränke gibt es dort drüben.« Ich zeigte auf eine andere Bude.

Kurti nickte und hob den Daumen. Er hatte verstanden, hier gab es nur etwas zu futtern. Als er dann endlich dran war, bestellte er als Erstes eine Fanta.

Verkäuferin: »Tut mir leid, haben wir nicht.«

Kurti: »Eine Sprite.«

Verkäuferin: »Tut mir leid, haben wir nicht.«

Kurti schon leicht provokant: »Aber zu trinken habt ihr etwas, oder?«

Verkäuferin lächelte und antwortete: »Nein.«

Kurti hielt die Luft an, wollte sich gerade aufplustern und der armen Frau etwas Unschönes an den Kopf werfen, als ich dazwischenfunkte: »Kurti, was habe ich dir eben gesagt? Getränke gibt es hier nicht, sondern dort drüben. Also bestellst du jetzt was zu essen oder nicht?«

»Da hat Ihr Freund recht«, mischte sich die Verkäuferin ein. »Und noch ein kleiner Tipp, um Ihnen unnötigen Ärger zu ersparen. Wenn sie gleich bei meinem Kollegen dort hinten Getränke bestellen möchten, wir führen nur Produkte von Red Bull.«

»Was?«, rief Kurti. »Wieso das denn?«

Ich kniff genervt die Augen zusammen und fragte: »Kurti, wo sind wir hier?«

»Äh, in einem Fußballstadion?«

»Genau. Und wie heißt das Fußballstadion?«

»Das weiß ich doch nicht.«

»Dann helfe ich dir mal auf die Sprünge«, sagte ich. »Es heißt Red Bull Arena.«

»Na und?«, nölte Kurti zurück. »Deswegen gibt‘s hier keine Fanta, oder was?«

»Ganz genau«, antwortete ich. »Du hast es begriffen.«

Seinem Gesichtsausdruck nach zu urteilen, hatte er das allerdings ganz und gar nicht, aber das war eigentlich auch egal.

Kurti bestellte sich letztendlich eine Bratwurst und anschließend gingen wir zu unseren Sitzplätzen. Als wir dort ankamen und es uns bequem machten, so gut es ging, fragte er: »Für wen sind wir eigentlich? Leipzig oder Stuttgart?«

Ich wollte gerade lospoltern, da fing Kurti an zu lachen und meinte: »Ich verarsch dich nur.«

Dann zeigte er urplötzlich auf irgendetwas weiter vor uns und fragte erschrocken: »Was ist das denn? Hat der eine Neonröhre gefressen, oder was?«

Ich sah in die anvisierte Richtung und erkannte, was Kurti meinte. Da stand ein Kerl - um die 50, solariumverbrannt und verdächtig glänzende Lockenpracht auf dem Kopf - mit dem Gesicht zu uns, der gerade irgendjemand oder irgendetwas vor sich breit anlachte. Und das, was er da im Mund trug, war offensichtlich ein Gebiss, welches man nicht als strahlend weiß bezeichnend konnte, sondern nur als strahlend. Irgendwie hellblau fluoreszierend, so, als würde er seine Zahnprothese mit Gin reinigen oder, wie Kurti es formulierte, eine Neonröhre gefressen haben. Das Ganze sah dermaßen albern aus, dass ich nur hervorbrachte: »Da hat wohl jemand die Definition von Ästhetik etwas missverstanden. Also wirklich schön ist das nicht.«

»Aber zumindest auffällig«, sagte Kurti. »Vor allem in Verbindung mit der Elektrosonne und dem Becher Margarine im Haar.«

Mir fiel der Ausspruch von einer der alten Filmköniginnen ein. War es die Garbo? Oder die Leander? Oder die Dietrich? Egal, ich wusste es nicht mehr. Auf jeden Fall soll eine der alten Diven einst sinngemäß gesagt haben: »Über zwei Dinge lässt sich absolut nicht streiten. Erstens über Geschmack und zweitens über die Tatsache, dass die meisten Menschen keinen besitzen. Und selbst für alles Geld der Welt lässt sich dieser nicht kaufen.«

Also auf den Typ, der da ein paar Reihen vor uns wie ein Leuchtturm in der Gegend herumstrahlte, traf dieser Spruch punktgenau zu. Oder um es anders zu formulieren: »Aussehen – scheißegal! Hauptsache teuer.«

Das folgende Spiel war recht spannend. Die Bullen gewannen 2:0 gegen die Schwaben und die meisten der 33.000 Zuschauer in der Arena schienen, den Gesängen nach zu urteilen, gut unterhalten zu sein.

Auf dem Rückweg nach Hause, es war kurz vor 23 Uhr, fuhren wir an einem bekannten Fastfood-Restaurant etwas außerhalb der Stadt vor. Normalerweise hatten die bis früh 1 Uhr geöffnet. Der Laden war bis auf uns und vielleicht noch fünf anderer Gäste relativ leer. Das kam unserem Hungergefühl sehr entgegen, also wollten wir bestellen. Und dann ging das Theater wieder los, denn Kurti fuhr kurz darauf und den Umständen entsprechend erneut in den »Combat-Modus« hoch. Aber dieses Mal nicht peinlich, wie vorhin im Stadion, sondern berechtigterweise und das Ganze spielte sich wie folgt ab:

Kurti bestellte irgendeinen Burger, keine Ahnung, was für einen. Antwort des Verkäufers: »Tut mir leid, haben wir nicht.«

Kurti: »Hä? Steht doch da oben«, und zeigte dabei auf die Menükarte oberhalb der Theke.

Antwort: »Und dahinter steht ausverkauft.«

Kurti: »Ausverkauft? Ihr? So einen Schwachsinn habe ich ja noch nie gehört.«

Antwort: »Wir ändern morgen unser Produktprogramm und verkaufen nur noch Restbestände, weil wir vorher nicht noch einmal neue Ware bekommen haben.«

Kurti atmete tief und für alle im Laden hörbar durch, dann sagte er: »Okay, dann nehme ich den da«, und zeigte wiederum auf die Anzeigetafel.

Antwort: »Äh, tut mir leid. Den gibt es erst ab morgen.«

Kurti: »Wieso steht der dann jetzt schon auf der Karte?«

Antwort: »Probelauf für morgen. Wir schließen gleich.«

Kurti: »Es ist noch nicht mal 23 Uhr. Ihr schließt in zwei Stunden.«

Antwort: »Nein, wir schließen jetzt.«

Das war zu viel für Kurti. Er, der normalerweise absolut nicht für Aggressionen berüchtigt ist, fuhr seinen Arm aus und versuchte den pickeligen Fastfood-Heini am Hemdkragen zu erwischen. Ich war jedoch schneller, drängte mich dazwischen und sagte dem Verkäufer, so ruhig es ging: »Okay, entschuldigen Sie meinen Kumpel und geben Sie uns einfach zwei von diesen Menüs dort.« Dieses Mal, war ich es, der auf die Karte zeigte.

Antwort: »Tut mir leid, die gibt es nur mit Coupons.«

Ich: »Dann geben Sie uns halt Coupons.«

Antwort: »Tut mir leid, die gibt es erst ab morgen.«

Ich weiß noch, ich fing an zu knurren und bekam ein Zucken im rechten Auge. Ich hörte Kurti laut auflachen, dann sagte er zu mir: »Der ist echt lustig, der Komiker, oder?«

Ich kriegte mich wieder ein und blickte mich um. Hinter uns standen noch drei Leute, die bestellen wollten. Ich atmete durch und wandte mich erneut dem Verkäufer hinter der Theke zu. Ich inspizierte übertrieben das Namensschild auf seiner Brust, dann sagte ich: »Also hören Sie zu, Herr Adipös. Sie haben ja bestimmt schon mitbekommen, dass ich von uns zwei«, und zeigte abwechselnd auf Kurti und mich und musste dabei selber lachen »der Vernünftigere bin. Aber wenn wir hier nicht bald etwas zu essen bekommen«, und dann deutete ich auf die Leute hinter uns, die zustimmend nickten, »dann wird das hier eine lange Nacht und definitiv nichts mit eurem Feierabend.«

Nachdem wir eine Minute später irgendetwas zu futtern bekamen, was sie noch da hatten, sagte Kurti über die Theke zu sämtlichen Angestellten: »Nur damit ihr es wisst, wir setzen uns jetzt da hinten hin und essen das in aller Ruhe auf. Ihr dürft uns gerne dabei Gesellschaft leisten.«

Das taten sie auch. Und zwar, indem sie uns zu fünft hinausführten und blitzschnell hinter uns verriegelten.

Wir saßen dann auf der Schwelle des geöffneten Kofferraums von Kurtis SUV, kauten und er erzählte mir als krönenden Abschluss des Abends noch folgende Story: »Ich habe mal beim Aufräumen ein uraltes schwarzweiß Foto gefunden. Auf dem ist der Bruder eines Bekannten bei seiner Hochzeit abgebildet, die in unserem Haus stattgefunden hatte. Viele Jahre später erwischte unser Wirt den Betroffenen, wie dieser gerade sturzbesoffen an genau dieselbe Stelle hinpinkelte, an der das Foto geschossen wurde. Jetzt meine Frage an dich: War dieser Typ immer noch glücklich verheiratet?«

10. Models und Rim-Jobber

Als ich mit meiner Familie in Moskau war, stellte ich fest, dass es in der russischen Hauptstadt vor ansehnlichen jungen Damen nur so wimmelte. Wahrscheinlich von staatlicher Seite im Dreischichtsystem am Fließband produziert. Überall, wo man hinsah, fanden private Fotoshootings statt. Die selbsternannten Models und zukünftigen Filmstarletts schwebten und posierten durch und in die Gegend hinein. Gerne auch an Schaufensterpassagen vorbei, um den eigenen mondänen Gang jederzeit im Spiegelbild überprüfen zu können. Dies würde auch die architektonische Daseinsberechtigung mancher mit Glasscheiben überladener Moskauer Metrostationen erklären. Selbstverständlich sah das ganze private Laufstegszenario der Ladys völlig natürlich und ungekünstelt aus. So lief man vermutlich, wenn man berühmt war oder es werden wollte. Und irgendwo am Ende dieser umfunktionierten Catwalks saß oder hockte ein meist hässliches Männlein, mit vermutlich kläglicher Erektion in der Hose - dessen Attraktivität offensichtlich nur über sein Bankkonto definiert wurde - und hielt eine Spiegelreflexkamera auf die Schönheit oder filmte sie mit einem Smartphone. Fand man dieses Schauspiel als Nichtrusse in den meisten Fällen eher albern, so gehörte es hierzulande offenbar zum allgemeinen Tagesablauf: Moskau - eine überdimensionale Haute Couture. Eine Session nach der anderen.

Ich weiß jetzt nicht, wie ich darauf komme, aber da fällt mir eine Doku auf YouTube wieder ein, die ich vor ein paar Wochen gesehen habe. Darin berichtete eine Frau freudestrahlend und mit pseudopädagogischer Hippiestimmlage, dass in ihren Augen anale Stimulanz total viel Potenzial besäße. Die Eule verwendete doch tatsächlich das Wort »Potenzial« in diesem Zusammenhang, und zwar in einer Tour. Da habe ich mich schon weggeworfen vor Lachen. Außerdem fände sie es ´total toll und befriedigend, wenn ein Mann ihr regelmäßig mit seiner Zunge um die Rosette´ fahren würde.

Da war auch noch eine andere Trulla in dieser Arschleck-Doku. Eine Ines, und die war ebenfalls extrem unterhaltsam. Die fand es zwar jetzt nicht so prickelnd, sich regelmäßig die Poperze ablecken zu lassen, aber dafür hatte sie spezielle Forderungen, welche das männliche Glied angingen. »Ein Schwanz muss 20 cm lang sein«, hat sie sich aufgeregt. »Mindestens 16 und maximal 23.« Alles was darunter und darüber sei, wäre sinngemäß Scheiße. Optimal seien eben genau 20 cm und schön dick müsse er sein. Laut ihrer Aussage hätten manche Kerle Schwänze, die sähen aus wie kleine Vögel, die aus dem Nest gefallen seien. Mutter Natur wolle eben nicht, dass jeder überlebe, und speziell bei genannten Männern mit winzigen komischen Penissen, dass diese sich vermehren.

»Es mag verdammt hart klingen, aber wenn ich etwas genauer über die Schwadronaden dieser unterbelichteten Nazi-Frucke nachdenke, muss ich leider zugeben, ihre Aussagen entbehren nicht einer gewissen perversen Logik«, äußerte sich mein Arbeitskollege Azog der Schänder, als ich ihm die Doku eines Tages in der Mittagspause vorspielte. »Es wird wohl manche Typen gegeben haben«, meinte er im Anschluss weiter, »die wollten bestimmt mit Ines vögeln, aber als die Trulla die Schwänze der Anwärter gesehen hat, wird sie denen eine ähnliche Ansage gedrückt haben wie gerade im Fernsehen.« »Und die Heinis sind dann mit Sicherheit völlig deprimiert und gedemütigt nach Hause geschlichen«, nahm ich den Faden auf. »Haben sich volllaufen lassen und sind danach stillschweigend aus dem Leben geschieden.«

Ich weiß noch, als ich das damals von mir gab, lachte Azog fies und zustimmend. Dann sagte er: »Genauso wird es gewesen sein. Und sind wir ehrlich, was Fortpflanzung betrifft, Nachwuchs um jeden Preis und ohne Rücksicht auf die Umwelt muss nun wirklich nicht sein.«

Ich antwortete damals nicht auf diese Behauptung, aber als ich später etwas genauer darüber nachdachte, erwischte ich mich dabei, dass ich einige Male ähnlichen Gedanken nachhing. Ich war auch schon häufig in Situationen, in denen ich auf Gestalten traf, bei denen ich unweigerlich dachte: *Warum hat das keiner verhindert?* Und mit dieser zugegebenermaßen implizierten Bösartigkeit im Geiste, meinte ich ausschließlich Erwachsene. Die Kinder konnten ja nichts dafür, noch nicht zumindest. Sie verfügten über Welpenschutz.

»Diese Probleme gab es schon früher«, hatte unser Opa, der im Zweiten Weltkrieg sowohl in Frankreich als auch in Russland kämpfte und zweimal verwundet wurde, öfter mal geäußert, als er noch lebte. »Aber damals wurden die nutzlosen überflüssigen Schwachköpfe als Kanonenfutter an der Front verheizt. Heutzutage lungern sie überall herum, drücken sich irgendwelchen Dreck in die Venen und liegen dem Steuerzahler auf der Tasche.«

Ich würde nicht soweit gehen, dies zu verallgemeinern, aber an Opas Aussage war auf jeden Fall etwas dran.

Ich weiß noch, damals in Moskau zog mir plötzlich jemand am Arm und riss mich dadurch aus meinen Gedanken. Es war unser Junior.

»Papa, ich möchte auf deinen Schoß«, sagte er und lachte dabei.

Ich hob ihn hoch und tat, wie mir geheißen. Nicht aber, ohne dem kleinen Prachtkerl vorher noch einen dicken Kuss zu geben.

»Ja, unser Junior ist in der Tat die adäquate Reproduktion von meiner Gattin und mir«, sage ich zu Towarisch Penkov. »Die Natur – und hier muss ich der *Big-Cock-Ines* recht geben, weiß schon, was sie will. Zumindest in den meisten Fällen. Mit den Kindern ist es eben so eine Sache. Sie kosten Geld, sind anstrengend und beschränken dich in deiner Freiheit. Aber hast du erstmal ein Eigenes, dann liebst du es abgöttisch und tust alles, damit es glücklich ist. Und wenn du das als Mutter oder Vater nicht auf die Reihe kriegst, dann bist du nichts weiter, als ein blödes nutzloses Arschloch. Wie war das nochmal mit der Front und dem Kanonenfutter? Denn genau dort gehörst du dann hin.«

Penkov nickt zustimmend und erwidert: »Ein interessanter Gedanke. Wollen Sie noch einen Drink?«

11. Superhelden und Serienschrott

Als ich mal auf einem Bahnhof in Moskau mit Junior in einer dieser modernen Kloboxen zum Austreten war, fragte ich, nachdem wir sie wieder verlassen hatten, in Richtung meiner Frau und meiner Schwester, ob eine der beiden Hygienetücher oder feuchtes Toilettenpapier dabei hätte. Ich wollte Juniors und meine Hände desinfizieren, so gut es ging, weil ich den Waschbecken in öffentlichen Sanitäranlagen von Haus aus niemals traute. Meine Frau kramte in ihrer Handtasche herum und reichte mir anschließend eine kleine Packung Feuchttücher. Während ich unsere Hände damit abwischte, fiel mir etwas ein. Da war irgendwo in dem Film »Deadpool 2« eine Diskussion über das richtige Verhältnis und die Anwendung von feuchtem und trockenem Toilettenpapier. Das fand man in erster Instanz vielleicht etwas albern, aber so abwegig war diese Erörterung gar nicht.

Wir hatten vor einigen Wochen bei uns im Betrieb eine ganz ähnliche Debatte. Auslöser war der Internetartikel eines türkischen Arztes. In diesem drehte es sich darum, wie viele Schadstoffe in feuchtem Toilettenpapier enthalten seien und dass es vollkommen ausreichen würde, sich seinen Allerwertesten mit trockenem Klopapier zu säubern.

Die anschließenden Meinungen der Kollegen und mir gingen von: »Das sind doch nur die Ausreden eines

Türken, der zu faul ist, sich seinen Arsch richtig abzuwischen« über »Rumple ich mein Gesicht zum Waschen auch nur mit einem trockenen Lappen ab, oder was? Nein tue ich nicht. Also warum sollte ich es dann bei meinem empfindlichen Hintern tun?« bis hin zu »Ich verstehe diese Diskussion nicht« oder auch »Ist mir scheißegal.«

Also von mir kam ein ganz Klares: »Sowohl feuchtes als auch trockenes Klopapier ist essentiell für die ordentliche Anuspflege. Alles andere ist für den sprichwörtlichen Arsch und hochgradig verdächtig.«

Apropos Deadpool, Ärsche und andere Superhelden. Wer ist eigentlich Ihr Lieblingspornodarsteller? Oder haben Sie keinen und finden dies moralisch verwerflich? Wie auch immer, ich frage auch nur deshalb, weil mir auf diesem Bahnhof damals ein Mann über den Weg lief, der aussah wie Ron Jeremy. Sie erinnern sich vielleicht? Ron Jeremy? Dieser jüdische Sexheld, der in den Achtzigern des vorigen Jahrhunderts einen gewissen Ruhm erlangte. Er ist einer der Wenigen seiner Branche, der bis zum heutigen Tage erfolgreich im Geschäft steht.

Ron Jeremy, Spitzname: »The Hedgehog - Der Igel«, hält laut Wikipedia mit 1750 Auftritten in pornografischen Filmen den Guinness-Rekord. Angeblich hat er es mit über 4000 Frauen getrieben. Jeremy, der mit seinem Aussehen wirkt, als sei er der kleine, dicke, schnurrbarttragende Bruder von Costa Cordalis, hatte es laut einigen Berichten zufolge anfänglich sehr schwer in der Sexbranche. Trotz seines überdurchschnittlich groß geratenen Penis´ wollte keine der Starlets vor laufender Kamera mit ihm vögeln, weil Jeremy so hässlich ist. Später wurde er dann als Darsteller und auch als Produzent sehr beliebt, weil an seinen Filmsets immer eine gute Atmosphäre herrschte und ordentlich und cash bezahlt wurde.

Apropos Filmsets: Haben Sie sich eigentlich je gefragt, wie diese ganzen Mimen ihr Geld verdienen? Ich meine jetzt nicht nur Pornodarsteller, sondern Schauspieler im Allgemeinen. Ausgenommen natürlich diese Masse von deutschen Gipsfressen, die ihr Geld zu Recht fürs Kellnern und Servieren bekommen, damit sie dem Steuerzahler nicht auf der Tasche liegen, aus dem schon genug Fernsehgebühren herausgepresst werden, um *Rosamunde Pilcher* und diesen ganzen anderen Schrott zu finanzieren.

Mein Kollege Azog der Schänder war sogar der Ansicht, deutsche Schauspieler oder auch deutsche Filme, die diesen Titel verdienen, gäbe es gar nicht. Allerdings bröckelte seine derart kühne Expertenaussage umso mehr, je länger man darüber nachdachte.

Mein Einwand, der zweifache Oscarpreisträger Christoph Waltz wäre doch ausgezeichnet, wurde noch mit der Begründung abgeschmettert, der sei Österreicher.

»Was ist mit Christoph Maria Herbst und Jan Josef Liefers?«, fragte ich. »Oder August Diehl und Karoline Herfurth?«

»Ja, die gehen«, war Azogs Antwort und er selbst fände auch Bully Herbig nicht so schlecht. Aber dies wäre etwas komplett anderes und es seien lediglich auch nur ein paar Ausnahmen.

Ich brachte dann noch die Namen von einigen anderen ganz brauchbaren deutschen Schauspielern und Schauspielerinnen ins Spiel. Die kannte Azog alle nicht, was seine Theorie angeblich noch untermauern würde, wie er meinte, und dies wäre auch zu früheren Zeiten nicht anders gewesen. »Alle schlecht!«

»Ach komm, da gab es schon ein paar Gute«, sagte ich.

»Heinz Rühmann, oder was?«, entgegnete Azog.

»Nein, den fand ich grottig«, räumte ich ein, fügte allerdings noch hinzu: »Aber er war in meinen Augen der Beweis dafür, dass man der größte deutsche Schauspieler des Jahrhunderts werden konnte, ohne herausragendes Talent zu besitzen.« Anschließend dachte ich kurz nach, dann sagte ich: »Trotzdem gab es ein paar Brillante.« Ich zählte einige der alten DEFA Schauspieler auf: Klaus-Peter Thiele, Rolf Hoppe, Agnes Kraus und Walter Plathe. Die meisten von denen waren allerdings schon tot.

Ich weiß noch, Azog der Schänder sah mich damals mit zur Grimasse verzogenen Visage an und verstand offensichtlich kein Wort von dem, was ich da faselte.

Für ihn war die Diskussion beendet. Eine Debatte über deutsche Autoren brauchte ich also gar nicht erst anfangen, denn davon verstand er noch weniger. Und wenn doch, hätte es, anders als bei deutschen Schauspielern, keinen Streit darüber geben können. Denn Schriftsteller haben wir in diesem Land auch heute noch viele gute und einige brillante: Stuckrad-Barre fällt mir spontan ein; Fauser, Strunk, Regener, Weiler; vielleicht noch Jaud und Vermes. Eigentlich gehören Christian Kracht und Thomas Bernhard auch noch in dieses Ensemble, aber der Eine ist Schweizer und der Andere war Österreicher. Und auch, wenn ich auf den Rat des Kollegen Andreas Eschbach hörte, indem ich den von ihm auf seiner Homepage angepriesenen Schreibcoach engagierte und das Geld genauso gut hätte verbrennen können, halte ich auch ihn für überdurchschnittlich. Ich nehme es ihm also nicht übel. Genauso wenig wie ich es Hugo Boss krummnehme, dass er einst Uniformen für die Wehrmacht herstellte. Wir müssen verzeihen können. Boss ist für mich einfach eine herausragende Schneidermanufaktur. Keine andere vermag es so hochwertige Stoffe zu verarbeiten, die sich dermaßen ansehnlich an meinen Arsch schmiegen.

Aber was war die ursprüngliche Frage? Ach so, wie diese ganzen Filmstars, oder jene, die sich dafür halten, heutzutage bei dieser immensen Streaming-on-demand-Flut finanziell über die Runden kommen. Und hier sind hauptsächlich die, laut Azog »richtigen Schauspieler« gemeint.

Was ich meine ist, früher, da wusste man sofort: »Tom Selleck ist Magnum. Okay vielleicht noch Quigley der Australier, aber eigentlich Magnum.«

Oder Peter Falk war eben Columbo. Ich fand den absolut miserabel, aber viele Zuschauer mochten den. Die Serie war total bescheuert. Der prominente Gaststar war immer der Mörder. Und diese von Columbo völlig dämliche »Ich stelle mich jetzt hier mal ein bisschen doof und hässlich bin ich auch noch, also wirst du mich natürlich unterschätzen, dann begehst du Fehler und so werde ich dich überführen.«-Masche, war vielleicht drei Folgen lang witzig. Danach wurde es langweilig, weil sich alles ähnelte und durchschaubar wurde. Aber aus Mangel an Konkurrenz im altertümlichen Röhren-TV war die Serie trotzdem ein Publikumshit. Immerhin zehn Staffeln wurden gedreht.

Wie auch immer, Tom Selleck war also Magnum, Don Johnson war Sunny Crockett und Sean Connery war Roger Moore oder so ähnlich.

Heutzutage weiß man eigentlich nur noch gewiss, dass Zach Galifakischeißendreck oder wie der heißt, der dicke, bärtige Typ aus der Hangover Trilogie ist. Aber ansonsten denkt man: *Ist Robert Downey jr. jetzt der Iron Man oder Sherlock Holmes oder wer? Oder ist Jason Momoa Aquaman oder Declan Harp oder Khal Drogo?*

Es verschwimmt irgendwie alles, weil es so schnelllebig geworden ist. Figuren und Darsteller beamen per Fernbedienung von Amazon zu Netflix oder zu Sky oder Showtime oder HBO oder was es alles sonst noch so gibt, und man macht schon ein Ratespiel daraus. »Hat der da nicht auch dort und dort mitgespielt?« Oder »Ist das nicht die, die in dieser anderen Serie die und die gespielt hat?«

Der Einzige, von dem man in dem ganzen visuellen Karussell nicht überrascht wird, ist dieser eher weniger bekannte Bokeem Woodbine. Jedes Mal, wenn der irgendwo mitspielt, weißt du sofort: »Das ist der Verräter, der steckt hinter dem ganzen Komplott.« Und da kann er anfänglich auch noch so sehr einen auf guten Kumpel mit dem Helden der Geschichte machen, er ist trotzdem durchschaut und man traut ihm als Zuschauer keine Sekunde lang über den Weg. Und man wird selten von ihm enttäuscht. Der Grund dafür ist, Bokeem Woodbines einzigartige, dämonenhafte und gottgegebene Verbrechervisage, dass man glatt denken könnte, er sei ein Bruder des meiner Meinung nach zweitunsympathischsten und dritthässlichsten Fußballers aller Zeiten: Mario Balotelli.

Jedenfalls siehst du den Mimen Woodbine und denkst dir: *Den braucht eigentlich kein Mensch!* Und dann denkst du: *Na eigentlich doch! Nämlich für genau solche Fiesling-Rollen, die er fast immer spielt.*

Meine Vermutung ist weiterhin, eine Vielzahl der zumindest bekannteren Darsteller wechseln ständig die

Rollen, weil die Bezahlung wahrscheinlich nicht mehr so gut ist wie früher. Und dann haben die jetzt richtig Stress. Von einem Drehort zum nächsten und in der Mittagspause schnell noch einen Werbespot heruntergekurbelt. Man hat vermutlich gar keine Zeit mehr für Exzesse. Und 100.000 inflationäre Serien auf diversen Sendern führen vermutlich auch zu inflationärer Bezahlung. Heutzutage werden Serien am Fließband auf den Markt geworfen und man guckt sie meist nur, wenn man in den Kritiken liest, sie wurden um eine zweite Staffel verlängert. Die Verlängerung ist so eine Art Qualitätsurkunde. Der Rest ist Schrott.

Mittlerweile spielen sogar Oscarpreisträger die Hauptrollen in Fernsehserien. Vor 20 Jahren wäre dies noch ein Karrierekiller gewesen. Heute scheint es egal zu sein. Hauptsache, dabei sein und ein bisschen Gage abgreifen.

Apropos Serien und Serienschrott: Also ich bin ein Fan der Showtime-Serie *Ray Donovan* mit Liev Schreiber in der Hauptrolle. Er ist ein Fixer und damit meine ich jetzt nicht einen Heroin Junkie, sondern einen Problemlöser für reiche Hollywoodtypen in Los Angeles. Wenn von denen mal einer aus Versehen eine Cheerleaderin schwängert oder ein Callgirl umbringt oder bei einer Party auf dem Klo an einer Überdosis verreckt, dann kommt Ray Donovan und räumt alles auf. Also das bedeutet, er verprügelt, erpresst und besticht ständig irgendjemanden, um die Sache aus der Welt zu schaffen. Nebenbei liegt er im Dauerclinch mit seinem hochkriminellen Vater. *Ray Donovan* legt natürlich hin und wieder auch mal irgendein Arschloch um oder vögelt eine Auftraggeberin. Wie er gerade Zeit hat. Eine richtig coole Mafiaserie eben.

Auf der anderen Seite wäre da die von Amazon bereits viele Monate vorher angekündigte und hoch angepriesene Serie *Jack Ryan.* Diese hatte ich mir natürlich aufgrund des ganzen Brimboriums sofort angesehen, nachdem sie veröffentlicht wurde. Ich musste allerdings miterleben, wie ein Hauptdarsteller, dessen echten Namen ich nicht aussprechen kann und der aussieht wie eine Mischung aus einem Hobbit und einem Esel und dem ich im Leben nicht abkaufen würde, dass er irgendjemanden erschießen könnte, wie er es in der Serie dagegen andauernd tat und dabei acht Folgen lang etwas dümmlich in die Kamera glotzte.

Als ich später las, es wird eine zweite Staffel geben, wusste ich sofort, die gucke ich mir auch an. Aber nur, damit ich mich hinterher wieder schön aufregen kann.

Ein Schauspieler, wegen dem man in der Gegenwart auch nicht mehr ins Kino läuft oder den Fernseher einschaltet ist für mich zum Beispiel auch Nicolas Cage. Was wurde dieser Mann einst gefeiert? Oscar bekommen, Hauptrollen in Kassenschlagern und so weiter. Jetzt, laut den Medien ein total überschuldetes Wrack und seine neuen Filme der letzte Dreck. Haben wahrscheinlich insgesamt nur die Hälfte von dem gekostet, was er früher pro Film an Honoraren eingestrichen hat.

Daniel Craig dagegen finde ich gut. Ich will jetzt hier keine Debatte losbrechen, wer der beste James Bond war, ist oder sein wird. Das ist mir völlig egal. Was ich meine, ist, der geht keinem mit übermäßiger und unerwünschter Bildschirmpräsens auf den Sack. Der übernimmt hin und wieder mal eine Rolle in mehr oder weniger erfolgreichen Filmen und lebt dann völlig entspannt von den paar Milliönchen, die er dafür kassiert bis er das nächste Mal gerufen wird. Ich empfinde das als sehr angenehm und nicht aufdringlich. Könnte sich manch einer seiner Kollegen zum Vorbild nehmen.

Mit bekannten Autoren ist es mittlerweile so ähnlich. Aber nur weil einer pro Jahr drei Bücher auf den Markt wirft, heißt das nicht, dass die auch gut sind, sondern nur, dass die Verantwortlichen damit Kasse machen wollen. Aber was rege ich mich auf?

12. Überbezahlte Coaches und inflationäre Advokaten

Ich hatte mich auf einer Party mit dieser Dame über mein Dasein als Schriftsteller unterhalten. Da ging es unter anderem auch um sogenannte Schreibcoaches. Schreibcoaches oder Schreibtrainer sind Personen, die Dinge behaupten, wie: »Figuren müssen sich im Lauf einer Geschichte entwickeln.« oder »Figuren müssen ständig in Konfliktsituationen stecken und die Leser interessiert es dann ungemein, wie die Figuren diese Konflikte lösen oder sich aus ihnen befreien.«

Konflikt, Konflikt, Konflikt. Genau das wäre es, was den Leser interessieren würde. Aus meiner eigenen Erfahrung weiß ich allerdings, nein, interessiert ihn eben nicht. Auf jeden Fall nicht immer und ständig. Das wäre zu anstrengend. Es gibt Geschichten mit autobiographischem Kern, da stecken die Figuren nicht ständig in irgendwelchen Horrorszenarien und entwickeln sich auch nicht großartig weiter und die Storys sind trotzdem unterhaltsam. Ich weiß nicht, wie es Ihnen geht, aber ich persönlich kann mich auch nicht mit einer Figur identifizieren, die ständig in der Bredouille steckt. Ab und zu vielleicht, aber nicht in einer Tour. Was wäre das auch für ein Loser? So etwas will doch keiner. Denn wer vergleicht sich schon gern mit einem Verlierer? Und da können die Bestsellerschreibcoaches noch so oft: »Konflikt,

Konflikt, Konflikt!« brüllen. Es ändert nichts daran, dass man wissen sollte, wovon man spricht.

Wenn ein Handwerksmeister mit insgesamt 28 Jahren Berufserfahrung der Ansicht ist, er müsse sein gesammeltes Wissen und seine Erfahrungen teilen und anderen Menschen zur Verfügung stellen, und diese Tatsachen veranlassen ihn, als Berufsschullehrer zu arbeiten, dann ist dies durchaus legitim und nachvollziehbar und hat vor allem einen Nutzen für die Allgemeinheit. Aber wenn ein Autor, der lediglich Bücher ÜBER das Schreiben auf den Markt wirft und in diesen Werken permanente Konflikte der Protagonisten fordert, er selbst aber noch keinen nennenswerten Roman geschrieben hat, den irgendein Schwein kennt, dann weiß dieser Autor eben nicht, wovon er spricht und sollte lieber aufhören, andere damit zu belästigen und sich dafür auch noch fürstlich entlohnen zu lassen. Aber das ist ein Problem der meisten Berater im Allgemeinen. Solche Schreibcoaches geben in ihren Büchern dann Weltklassetipps wie zum Beispiel:

»Wenn Sie ein Autor sind, dann sind Sie Autor und nur Autor. Autor unter allen Umständen. Egal, ob sich die unbezahlten Rechnungen auf Ihrem Küchentisch stapeln oder die komplette Hütte in Flammen steht oder Sie krank sind. Sie sind ein Autor und müssen schreiben, schreiben, schreiben.«

Was für ein Riesenhaufen Bullshit! Das soll er mir mal in der Realität vormachen, der Spinner.

Ich persönlich bin nur kreativ und kann schreiben, wenn ich den Kopf frei von Problemen habe. Das kommt bei mir zum Glück nicht so selten vor. Fakt ist, ich brauche feste Zeiten, die ich konsequent einhalte. Dann bekomme ich auch mein Zeitmanagement für die nachfolgenden alltäglichen Aufgaben auf die Reihe, die zwangsläufig vorhanden sind.

Vielleicht liege ich auch komplett falsch und irgendjemand hatte schon einmal Erfolg, weil er sich an die Regeln in sogenannten Bestsellerratgebern für diverse Dinge und Unternehmungen gehalten hat. Ich will das auch nicht komplett verurteilen. In solchen Schmökern können durchaus nützliche Dinge stehen. Die Kunst ist, diese paar Prozent wichtiger Infos zu erkennen und herauszufiltern.

Das alles erzähle ich Ihnen nicht, weil ich hier ein bisschen Dampf ablassen will, also nicht nur. Nein, ich weiß das aus persönlichen Erfahrungen. Ich hab den Fehler zweimal gemacht, irgendwelchen angeblich berühmten Coaches mein Geld in den Rachen zu werfen. Das Problem mit solchen Typen ist, dass sie häufig selbst Autoren sind und meistens ziemlich mittelmäßige. Okay, der erste Schreibcoach, mit dem ich gearbeitet habe, bleibt mir jetzt nicht wirklich negativ in Erinnerung. Ich hatte vor ein paar Jahren mal die Rohfassung eines Verschwörungs-Science-Fiction-Romans, den ich bestimmt nie veröffentlichen werde, weil er selbst mir mittlerweile zu komplex ist, um nicht zu sagen verwirrend, in die Tasten gehämmert und wollte darüber eine professionelle Meinung und ein ordentliches Lektorat. Also surfte ich im Internet und stieß auf die Seite des besagten Coaches. Er bot seine Dienste an, veröffentlichte selbst bei einem renommierten Verlag und war bezahlbar. Wir arbeiteten ungefähr einen Monat zusammen und anschließend schrieb er mir eine nette Rezension und gab mir privat den Tipp, dass mein Roman zu konservativ, beinahe schon rechtslastig, geschrieben sei. Der Coach sei zwar selbst viele Jahre Scharfschütze in der Armee gewesen und könne die Einstellung meines Protagonisten durchaus verstehen. Aber wenn der Held meiner Story diesen Sascha Lobo als einen lächerlichen, überflüssigen Haufen Scheiße bezeichne, der durch nichts weiter auffiele außer seiner albernen Frisur, dann könne man dies durchaus falsch verstehen.

»Wenn Sie jetzt unbedingt wissen wollen, wer Sascha Lobo ist, dann googeln Sie es nach«, sage ich in Richtung Towarisch Penkov.

»Klar«, erwidert dieser gelangweilt mit ironischem Unterton. »Das mach ich zum nächsten Jolka-Fest früh selbstverständlich gleich als Erstes.«

Worauf ich grinse und weiter berichte...

Aber wie gesagt, das hielt sich alles in Grenzen mit diesem Coach. Seine Kritiken waren nachvollziehbar und es war auf jeden Fall eine interessante Erfahrung.

Ein totaler Reinfall dagegen war der zweite Schreibtrainer, mit dem ich ein paar Jahre später zusammenarbeitete. Und das war richtig ärgerlich für mich, weil ich diesen nämlich auf Empfehlung eines Kollegen und bekannten deutschen Bestsellerautors engagiert hatte. Es hieß, dies sei der einzige Schreibcoach, dessen Kurse wirklich etwas taugen würden. In der Realität sah das so aus, dass seine Beurteilungen alles und nichts bedeuten konnten, also ziemlich Wischiwaschi waren. Er entwickelte überhaupt keinen Bezug zu meiner Geschichte und konnte nicht einmal den Namen der Hauptfigur richtig aussprechen. Das typische Problem derer, die zwar ständig mit Anglizismen um sich werfen, aber eigentlich nur Flakhelfer-Englisch beherrschen und das dann auch so aussprechen. »Open jor Maus änd gos in se Haus«, nur mal als Beispiel zur Verdeutlichung, damit Sie besser verstehen, was ich meine.

Ab irgendeiner Aufgabe stieg ich dann aus, weil es für mich die reinste Zeitverschwendung war. Vielleicht lag es auch daran, dass er in einem komplett anderen Genre veröffentlichte als ich, auf jeden Fall stimmte die Chemie zwischen uns von der ersten Sekunde an nicht. Außerdem hat er auch ganz schön durchgedrückt, war also ein ziemlicher Angeber. Einmal versuchte ich, ihn anzurufen, er ging jedoch nicht ans Telefon. Er rief dann eine halbe Stunde später zurück und meinte, er sei noch schnell in Wien gewesen und ich müsse dies entschuldigen, er wäre immer so *busy*.

Nur zur Erklärung. Der Coach arbeitete keineswegs in Österreich, geschweige denn in Wien, sondern in irgendeinem Kaff in Deutschland. Er wollte mir mit seiner Aussage eben nur ganz hipp zu verstehen geben, dass er mit einem total wichtigen Klienten in Wien telefoniert habe und deswegen mein Gespräch nicht annehmen konnte.

Alles klar, weiß ich Bescheid, dachte ich damals und das war auch das Einzige von ihm, was nennenswert bei mir hängengeblieben ist. Ein absoluter Flop. Wenigstens konnte ich sein Honorar von der Steuer absetzen. Aber mit solchen oder ähnlichen Leuten ist das so eine Sache. Eigentlich weißt du schon nach einer Minute, ob du denen weiter zuhörst oder nicht. Und vor allem, ob das auch glaubwürdig ist, was die von sich geben. Geschichten erzählen können die erstmal alle, um das Publikum oder den Kunden zu ködern.

Wo ich gerade wieder dabei bin, mich so schön aufzuregen, mit humorlosen Menschen kann ich auch absolut nichts anfangen. Und auch nicht mit Menschen, die Dinge sagen wie: »Betrifft dies auch hochaffine Zweitfächer?« Kein Witz. Habe ich selbst schon erlebt, auf einem Weiterbildungskurs für Seiteneinsteiger in den Lehrerberuf. Egal, der Zuhörer merkt jedenfalls sehr schnell, ob da vorn auf der Bühne jemand herumhampelt, der die Geschichte auch selbst erlebt hat, die er da vom Stapel lässt oder ob sie komplett aus den Fingern gesogen wurde.

Exempel: Wenn ein Motivationstrainer etwas darüber erzählt, wie und was er früher so gemacht hat. Dass er Zivildienst leistete beim Rettungsdienst, wie er sah, dass Menschen oder Patienten starben, die er ins Herz geschlossen hatte und wie er sich aus persönlichen Erfahrungen heraus weiterentwickelte, dann höre ich dem auch aufmerksam und gebannt zu, und zwar bis zum Schluss. Weil ich spüre, das ist echt, das hat der wirklich erlebt. Egal, was er anschließend vielleicht für einen Blödsinn erzählt oder ob er mir einen Staubsauger andrehen will. Er hat mich in erster Instanz erstmal beeindruckt.

Wenn da aber einer kommt, der aussieht wie ein Bodybuilder und den Leuten ernsthaft weismachen will, er habe es ausschließlich durch eiserne Disziplin, hartem Training und konsequenter Ernährungsumstellung geschafft, seinen Körperfettanteil innerhalb von nur zehn Wochen von 40 auf 11 Prozent zu reduzieren, und sei damit so dermaßen erfolgreich, dass er mittlerweile für viel Geld andere Leute coacht und habe sich mit 23 Jahren seinen ersten Ferrari gekauft und dann noch scherzhaft einräumt, dies wäre jetzt natürlich ein bisschen Angeberei gewesen, aber es stimme trotzdem und kein Einziger im Saal, außer ihm selbst, lacht darüber, dann denkst du dir nur: »Boah, verpiss dich von der Bühne, du Clown! Du lügst doch wie gedruckt!«

Glaubwürdig wäre gewesen, wenn er die Handynummer seines Dealers für alle sichtbar an die

Wand geklatscht und dem Publikum detaillierte Informationen darüber gegeben hätte, welche und wie viele Steroide er den ganzen Tag fressen musste, damit er sich innerhalb von nicht einmal drei Monaten von einem Walross in einen Silberrücken transformieren konnte.

Jetzt rege ich mich schon wieder auf. Aber ich will ja hier nicht sämtliche Motivationstrainer niedermachen. Ich weiß, es gibt auch richtig, richtig gute. Gehen Sie mal bei YouTube auf »Gedankentanken«. Da werden Sie teilweise erleuchtet. Zumindest soll dies schon vorgekommen sein. Unfreiwillig urkomisch finde ich die Trainer, die öfter mal und selbstverständlich beiläufig erwähnen, dass sie zu den gefragtesten Rhetorik- und Motivationstrainern Deutschlands gehören würden. Okay, einige sind pseudobescheiden und geben zu, sie gehören zu den Top drei und hätten einen Bestseller geschrieben. Na, alles klar!

Ich frage mich dann immer, wie die das messen wollen, an welcher Stelle im Ranking sie stehen? Haben die etwa eine eigene Profiliga, wo sie im Battle gegeneinander anquatschen bis einer umfällt und können dann ihren Wert in einer Tabelle ablesen oder was? Dies dürfte allerdings schwierig werden, denn laut eines Artikels in der *Welt online* mit der Überschrift »Wir coachen uns zu Tode« weiß niemand so genau, wie viele Motivationstrainer in Deutschland es überhaupt gibt. Auf jeden Fall eine Menge. Und das

Einzige, was diese laut des Artikels produzieren, sei heiße Luft.

Und weil »Coach« weder ein geschützter Begriff noch eine staatlich anerkannte Profession ist, darf sich auch jeder so betiteln. Das ist so ähnlich wie mit dem Würstchenbudenbesitzer, der sich selbst einen Eventmanager nennt.

Und wo ich schon mal so schön beim Lästern über Berater, Coaches und so weiter bin: Rechtsanwälte gehören ja angeblich auch zu diesen Kategorien. Zumindest in Deutschland. Ich habe mal gehört, dort gäbe es mittlerweile mehr Anwälte als Kfz-Mechaniker. Und von denen laufen schon gefühlt eine Milliarde herum. Ich weiß, wovon ich rede, ich habe selbst viele Jahre als Schrauber gearbeitet.

Laut eines Internet Blogs namens *Menschen und Rechte* schneiden mehr als die Hälfte aller Mechaniker in Tests besser ab als Juristen. Und dafür gibt es wahrscheinlich auch einen Grund.

Ein ehemaliger Kunde, seines Zeichens ebenfalls Advokat, hat mir erzählt: »Ein guter Jurist zieht mindestens zehn Nichtskönner-Kollegen mit durch, die man nichts weiter machen lassen kann als Akten fressen, aber auf keinen Fall einen Mandanten im Gerichtssaal vertreten.«

»Aber ist das nicht in fast jeder Branche so?«, erwiderte ich. »Und beim Boxen auf den Gong hauen lassen kann man die ohne weiteres.«

Mein Gegenüber wusste jedoch nicht, wovon ich da sprach und es war auch egal.

Ich weiß noch, dass ich seine ursprüngliche Aussage ziemlich enttäuschend fand, weil ich gutgemachte Anwaltsserien liebe. So wie *Boston Legal* oder *Suits* oder *The Good Fight* und, nicht zu vergessen, *Better call Saul* oder einen meiner Lieblingsfilme: *Eine Frage der Ehre.* Deswegen hatte ich auch immer solche Vorstellungen von Hollywood Courts, in denen sich die Anwälte zweier Parteien verbale Schlachten liefern bis einer von beiden am Ende leidenschaftlich den Zeugen, der beim Zuschauer hingegen schon geraume Zeit der erste Verdächtige ist, anbrüllt: »Und deshalb frage ich Sie, Colonel! Haben Sie den Code Red befohlen?«

In Wirklichkeit war das offenbar alles gar nicht so spannend, sondern stinklangweilig. Da könnte ich mich schon wieder aufregen!

13. Moskau Metro und Leute mit Schlüpfern im Gesicht

Als wir in Moskau waren, hatte ich irgendwo gelesen, die städtische Metro transportiere angeblich zirka neun Millionen Menschen täglich. Also ich war überzeugt, es waren viel mehr. Ich hatte den Eindruck, die Züge fuhren hier ständig und gefühlt rund um die Uhr. Wir mussten nie länger als maximal drei Minuten auf die nächste Bahn warten. Im Gegenteil. Meist raste die eine Metro davon und man kam gar nicht dazu, sich zu ärgern, dass man sie verpasst hatte, weil man bereits die nächste aus dem finsteren Tunnel brüllend herandonnern hörte. Ähnlich wie der Drache Smaug in seinem Hort aus den Hobbit-Filmen.

»Das ist echt unglaublich«, staunte ich da an jenem Tag. »Die Metro ist schon ein geniales Fortbewegungsmittel.«

»Und billig noch dazu«, erwiderte mein mitgereister Kumpel Grummel. »Wenn du mit der Metro fahren willst, ziehen die dir gerade mal 36 Rubel von der Karte ab. Also rund 48 Cent. Und du kannst solange fahren, wie du willst, bis du an irgendeiner Stelle die Station wieder verlässt.«

»Was kosten die Busse?«, fragte ich.

»Die sind noch billiger«, antwortete Grummel. »Vom Einsteigen bis zum Aussteigen 20 Rubel, also 27 Cent.«

»Das ist ja fast geschenkt«, bemerkte ich.

»Und dein Sohn braucht gar nichts zu bezahlen«, fügte Grummel noch hinzu. »Kinderfreundlich sind sie, die Russen.«

»Das ist mir auch schon aufgefallen«, stimmte ich zu. »Irgendeiner ist immer hochgesprungen und hat mir seinen Platz angeboten, wenn ich mit dem Junior irgendwo hingekommen bin. Ein sogenannter *Russian Standoff,* wie man so schön sagt.«

An dieser Stelle grätscht Towarisch Penkov rein und interveniert: »Das nennt man nicht *Russian Standoff,* sondern *Mexican Standoff*. Und dies hat auch nichts mit einem allgemeinen *Aufstehen irgendeiner Person* zu tun, sondern beschreibt eine ausweglose Pattsituation in einer Konfrontationslage oder einem Duell.«

Ich nicke brav, sage: »Gut, alles klar, weiß ich Bescheid« und fahre fort in meiner Rolle...

»Also, wenn manch einer bei uns abfällig behauptet, hier sieht es aus wie bei den Russen«, sagte ich zu Grummel, »dann kann derjenige unmöglich schon mal in Moskau gewesen sein. Hier ist alles blitzblank.«

»Das habe ich auch bemerkt«, ging er mit mir konform. »Hier ist alles wirklich auffällig sauber. Allerdings soll es 30 Kilometer vor Moskau immer noch aussehen wie nach dem Krieg.«

»Ja, aber das ist mir völlig egal«, entgegnete ich, »weil, da bin ich nicht und da will ich auch nicht hin.«

Aber genetisch bedingter majoranter, also großer Skeptiker, was gewisse Fragen betrifft, der Grummel nun einmal ist, grinste er mich an und kam nicht umhin, noch zu erwähnen, dass es dafür bei uns in Deutschland teilweise aussehe wie in der Walachei.

Und wissen Sie was? Ich habe keine Ahnung, wo das liegt und deswegen weiß ich auch nicht, ob in der Walachei genau wie in Deutschland alle zwei Meter eine Tretmine in Form von Hundescheiße auf den Gehwegen und Kinderspielplätzen liegt. In Moskau jedenfalls nicht.

Ich kann mich noch erinnern, wir standen irgendwann allesamt auf dem Roten Platz und staunten aufgrund seiner Pracht und den gerade dort stattfindenden vorweihnachtlichen Wintermärkten samt Lichteratmosphäre.

»Die Basilika ist der Hammer«, waren wir uns einig.

Wir wurden abgelenkt von einer Horde fotografierender Asiaten, die unseren Weg kreuzten. Ein sehr verstörender Anblick, wie wir feststellten. Und dies lag nicht daran, dass die ständig alles fotografiert haben. Das kennt ja mittlerweile jeder und ist so abgedroschen, dass es in die Kategorie »Ein-Euro-Gag« gehört.

Nein, es lag an was anderem. Ich wollte gerade etwas sagen, aber Grummel war schneller und kam mir zuvor: »Wieso trägt jeder von den Japanern einen bunten Schlüpfer im Gesicht?«

»Weil die eine Fetisch-Macke haben?«, vermutete ich in Frageform.

»Warten sie erstmal ab, was in ihrem schönen Deutschland hier bald abgehen wird«, unterbricht Penkov meine Geschichte und grinst dabei so dreckig, dass ich fast ein bisschen Angst bekomme.

»Okaaay...«, erwidere ich und erzähle weiter...

»Das sind keine Schlüpfer, sondern Mundschutze«, klärte uns meine Frau auf. »Das kenne ich noch von meinen früheren beruflichen Reisen nach China und Taiwan. Da habe ich das auch andauernd gesehen.«

»Aber warum müssen die Dinger aussehen wie bunte Schlüpfer?«, regte sich Grummel weiter auf und dies wirkte einigen Ressentiments gegenüber Japanern nicht wirklich entgegen.

»Ich glaube, das sind keine Japaner«, sagte ich auf die Gruppe deutend. »Die sehen eher aus wie Mongolen.«

»Ist doch egal«, sagte Grummel. »Die sehen doch eh alle gleich aus.«

Da fällt mir gerade noch eine andere Geschichte ein, die ich mal kurz einschieben muss. Mein Kumpel *Mister T* erzählte mir einst Folgendes:

Er habe sich mal mit einem Südkoreaner unterhalten, welcher es für absolut unverständlich hielt, wieso einige Europäer der Ansicht wären, dass alle weitöstlichen Asiaten sich in ihrem Aussehen stark ähneln würden. Anschließend hat er angefangen, *Mister T* stundenlang und detailliert darüber aufzuklären, worin sich Koreaner, Japaner, Chinesen, Vietnamesen, Kambodschaner und wie sie alle heißen, unterscheiden würden.

Mister T hörte aufmerksam zu, nickte hin und wieder, um kundzutun, er habe verstanden und schloss am Ende mit den Worten: »Jetzt weiß ich Bescheid, aber für mich seht ihr trotzdem alle gleich aus.«

Also ich persönlich finde schon, dass man Unterschiede im Aussehen erkennen kann. Das Vorurteil »Die sehen doch alle gleich aus!«, beruht wahrscheinlich unter anderem auch auf dem Merkmal, dass Ostasiaten allesamt dunkle Mandelaugen haben. Einen blauäugigen Chinesen hat man bis heute vermutlich genauso oft gesehen wie einen Yeti im Südharz.

Aber damals auf dem Roten Platz fragte ich: »Warum fahren die aus ihrem Land raus, wenn sie ihre Atemmaske sowieso nicht absetzen?« Danach schnupperte ich in die Atmosphäre und meinte: »Ist doch gute Luft hier.«

»Das ist bei vielen Asiaten mittlerweile eine Gewohnheit«, berichtete meine Frau aus Erfahrung. »Es gibt kaum eine Großstadt in China, die nicht von einer

Smogglocke umschlossen ist. Da haben manche Kinder wahrscheinlich noch nie die Sonne gesehen.«

»Also hier in Moskau ist die Luft klar«, sagte ich und untermauerte das Ganze, indem ich einen extra tiefen und extra übertriebenen Atemzug dieser angenehmen Winterkälte in meine Lungen saugte. Währenddessen dachte ich darüber nach, dass die Japaner nicht nur mit dem Vorurteil leben müssen, fragwürdige Manga-Liebhaber mit zweifelhaftem Sinn für Humor und hoher Selbstmordrate zu sein, sondern dafür in anderen Dingen sogar ziemlich schlau und konsequent agieren. Laut einer Studie hätten sie so gut wie keine Migrationsprobleme. Die Gesetze seien so konzipiert, dass der Islam keine Chance hat, dort Fuß zu fassen. Alles, was einen fundamentalistischen Verdacht erregt, lehnen die Charlies strikt ab.

»Die Luft ist hier in Moskau deshalb so gut«, nahm Grummel den Gesprächsfaden wieder auf, »weil die hier alle nur Autos fahren, die mit fossiler Energie betrieben werden und so richtig schön duften.« Anschließend lachte er, weil er natürlich wusste, dass dieser Blödsinn hinten und vorne stank, wie ein guter alter Zweitakter vom Sachsenring.

Fossile Energien? Regenerative Energien? Das ist auch so eine Sache, die in den letzten Jahren zu skandalträchtigen Debatten geführt hat. Je nachdem, welche Doku oder welchen Bericht man sich gerade ansah, traf man sowohl auf Befürworter als auch auf Gegner beider Formen. Alle hatten sie Argumente, die halbwegs plausibel klangen. Trotzdem kam in mir jedes Mal der Verdacht auf, sämtliche Berichte wären von der jeweiligen Lobby gesponsert worden.

Das Einzige, was von diesem Haufen Infodump bei mir hängengeblieben ist, war die Aussage des Mitarbeiters eines schwedischen Institutes, weil diese sich für mich am glaubwürdigsten anhörte. Die Schweden waren offenbar unabhängig von der offiziellen Regierungspresse und der inoffiziellen Verschwörungspresse.

Auf jeden Fall hatte dieser schwedische Wissenschaftler Folgendes herausgehauen: »Die Herstellung eines Elektrofahrzeuges Typ *Tesla S* bläst 17 Tonnen Kohlendioxyd in die Atmosphäre. Das entspricht der Laufleistung eines Fahrzeuges mit Verbrennungsmotor von rund 200.000 Kilometer.«

Jetzt kann jeder für sich selbst entscheiden, was er mit so einer Information anfängt, wenn er sich sein nächstes Automobil kaufen will.

14. Verwechslungen und Despoten

»Ich dachte immer, das ist Fjodor Dostojewski und nicht Lenin. Aber vielleicht habe ich in all den Jahren auch etwas falsch verstanden.«

Jene Sprachnachricht meiner in Deutschland lebenden Bekannten Tatjana, die mich am zweiten Tag während unseres Aufenthaltes in der russischen Hauptstadt erreichte, ging mir durch den Kopf.

Ich grinste unweigerlich, als ich die Ereignisse Revue passieren ließ, die der Auslöser jener schriftlichen Botschaft aus der deutschen Heimat waren.

»Papa, was lachst du?«, fragte Junior. Er saß auf meinem Schoß und spielte mit einem Kampfroboter aus Kunststoff, den er in einem Fastfood-Restaurant abgegriffen hatte, in dem wir vorhin gewesen waren.

»Ach, nichts weiter«, sagte ich und knutschte Junior auf die Wange. »Papa freut sich nur, dass du da bist.«

»Ich freue mich auch, dass du da bist, Papa«, antwortete er gut erzogen.

Klar, dachte ich und lächelte erneut. *Sonst hättest du ja keinen, der dafür sorgt, dass du mit diesem ganzen Plastikschrott spielen kannst!*

Es war auf jeden Fall so, dass wir vor beinahe einer Woche, an unserem ersten Morgen in Moskau in der Wohnung meiner Schwester und ihres Noch-Partners Malvin alle gemeinsam ein ausgiebiges Frühstück einnahmen. Anschließend fuhren wir mit dem Bus in die Innenstadt. Ich ließ mich in anklagender Pose vor einem steinernen Kerl fotografieren, der meiner Meinung nach aussah wie Lenin. Weil auf dem Gebäude, vor dem der alte Genosse thronte »Lenin Bibliothek« in großen kyrillischen Lettern geschrieben stand, war der Fall für mich eindeutig. Im Anschluss hatte ich das Foto inklusive dämlich komischen Textes auf Facebook und Instagram gepostet und ordentlich »Likes« dafür eingefahren. Ich hatte sinngemäß geschrieben, Lenin sollte sich gefälligst eine dicke Jacke anziehen, weil es arschkalt draußen wäre. Eigentlich ziemlich platt, aber es hatte funktioniert. Selten doof war es trotzdem, weil das Denkmal eben nicht Lenin zeigte, sondern Dostojewski. Da ich normalerweise ein Typ bin, der Fehler eingestehen kann, postete ich meinen Fauxpas ebenfalls in den sozialen Medien mit dem Ergebnis, dass es fast keine Sau interessierte. Der inhaltliche Witz in der originalen Falschmeldung schien gut genug gewesen zu sein, dass es bis auf einige wenige niemanden störte, ob es sich um Lenin oder Dostojewski handelte. Manchmal konnte das Leben so einfach sein.

Ein paar Stunden später, als wir uns im echten Lenin-Mausoleum befanden (Malvin behauptete übrigens ständig, da läge Stalin) stellte meine Frau im Flüsterton, weil Sprechen darin eigentlich unerwünscht war, fest: »Lenin war ein echt kleiner Mann.«

»Also, ein körperlicher Riese war er nicht«, pflichtete ich ihr bei. »Ein Problem der meisten Revoluzzer und Diktatoren der Geschichte.« Danach grinste ich und fügte hinzu: »Aber gut ausgeleuchtet ist er.« Ich spielte damit auf die dunkelrote Beleuchtung um den gläsernen Schneewittchen-Sarkophag an, in dem Lenin aufgebahrt da lag.

Auf dem Weg nach draußen führten wir eine angeregte Diskussion darüber, ob das Original nicht schon längst gegen einen einbalsamierten Klon ausgetauscht worden war.

Meine Frau meinte: »Ich habe vor einigen Jahren irgendwo gelesen, die Kosten zur Erhaltung des Leichnams seien immens hoch und gehen in die Millionen. Also in Euro, nicht in Rubel.«

»Irgendein alter Stalinist wird das schon sponsern«, warf ich ein. Dann kam mir etwas in den Sinn und ich fragte in die Runde: »Ist euch vorhin auf dem Heldenfriedhof hinter dem Mausoleum eigentlich aufgefallen, dass Stalins Grab das einzige war, auf dem frische Blumen lagen?«

»Das ist immer so«, erklärte meine Schwester, »ich war schon öfter mit Gästen dort und auf Stalins Grab lagen jedes Mal frische Blumen. Selbst bei minus 20 Grad Außentemperatur.«

»Der alte Tyrann scheint hier noch jede Menge Jünger zu haben«, sagte ich. »Da stand vorhin tatsächlich ein alter Opa vorm Grab, hat irgendwas vor sich hin gefaselt und geflennt wie ein kleines Kind, dem man das Handy weggenommen hat.«

»Welch´ passender Vergleich!«, tadelte mich meine Frau und schüttelte den Kopf.

»Papa, ich will auch ein Handy«, erklang es postwendend von oberhalb, denn Junior saß auf meinen Schultern.

»Da hast du´s«, seufzte meine Frau. »Ich bin gespannt, wie du ihm das wieder ausredest.«

»Das kriege ich schon hin«, entgegnete ich. »Ist überhaupt kein Ding.«

Dann, kurze Zeit später auf dem Weg zur nächsten Fast-Food-Filiale, in die ich von dem kleinen Diktator getrieben wurde, dachte ich eine Weile länger über Stalin und seine Despotenfreunde nach. Ich kam zu dem Schluss, dass Stalins noch heute anhaltende Verehrung einzig auf seinen Sieg über Nazi-Deutschland begründet sein musste. Man könnte sich darüber streiten oder auch nicht, wer der größte Tyrann der Geschichte war. Für mich hat Stalin berechtigte Chancen auf diesen Titel. Man könnte sich ebenfalls darüber streiten, ob es sinnvoll ist, wenn das Proletariat regiert oder irgendeine andere Kaste. Regierungen und Politiker bilden doch heutzutage nicht mehr die aristokratische Schicht. Das hätten die gern. Ist aber nicht so. Wer finanzielle Mittel besitzt, darf sich meiner Meinung nach bestenfalls als Geldadel bezeichnen, jedoch nicht als Aristokrat. Da besteht für mich ein essentieller Unterschied. Aristokratie sind in der Moderne Lehrer, Ärzte,

Polizisten, Feuerwehrleute, Rettungssanitäter, Krankenschwestern respektive Personal in Pflegeberufen, Künstler, Hollywoodschauspieler und natürlich Autoren.

Was mit Profisportlern ist, fragen Sie jetzt?

Was soll mit denen sein? Gladiatoren eben. Waren sie schon immer und werden es auch bleiben. Moderne Sklaven der herrschenden Systeme. Nur, dass sie im Gegensatz zu früher heutzutage nicht mehr mit ihrem Leben entlohnt werden, falls sie gewinnen, sondern mit Geld. Zumindest einige von denen. Und das brauchen sie auch, um ihre Wunden zu lecken. Wer weiß denn heutzutage noch, dass ein Mann namens Michael Stich einst Wimbledon gewann oder das Michael Schuhmacher einen Bruder namens Ralf hat, der hin und wieder auch bei einem Formel-1-Rennen als Erster über die Ziellinie fuhr, wenn alle anderen keine Lust hatten. Oder noch besser: Pierre Litbarski. Also ich weiß noch, dass der, neben seiner lächerlichen Frisur und den eng zusammenstehenden Augen, die schlimmsten O-Beine der Fußballgeschichte hatte. Aber wissen Sie was? Es interessiert heute kein Schwein mehr. Und dies ist genau das, was ich vorhin meinte. Profisport ist nur nachhaltig für die Vereine, Verbände und Länder. Aber nicht für die Gladiatoren. Die leuchten hell, wie eine olympische Fackel, für einen kurzen Moment und dann erlöschen sie für alle Zeit oder werden Sky-Fußballexperten oder Co-Kommentatoren der Öffentlich-Rechtlichen.

Apropos. Mir fällt ein, dass ich damals in Moskau hoffte, dass, wenn die Mannschaft des VFB Stuttgart aus der Bundesliga absteigen würde, die hoffentlich auch nie wieder hochkommen. Allein schon wegen dieses weichgespülten Oberlangweilers Mario Gomez und dem nicht weniger einschläfernden karnickelhaften Thomas Hitzlsperger, die beide dort spielten oder irgendeine Funktion besaßen. Diese zwei Luschen trieben mir jedes Mal eine Miene der Verachtung ins Gesicht, wenn ich sie irgendwo auf der grünen Wiese herumgurken oder im Interview sah.

Okay, außer Cristiano Ronaldo vielleicht?, dachte ich damals weiter und schaltete meinen Gedankengang wieder zurück auf das ursprüngliche Thema. *Der wird vermutlich nie in Vergessenheit geraten. Allein wegen dem ganzen Merchandising-Schrott um seine Person wird er für die nächsten 1000 Jahre in regelmäßigen Abständen geklont.*

Da frage ich mich ernsthaft, ob »Planet der Affen« wirklich nur reine Fiktion war?

Na wie auch immer, jedenfalls wie Lenin dalag in seinem Mausoleum, mit seiner unterdurchschnittlichen Körpergröße und dem Haarkranz, erinnerte er mich an den Typ, der einen Tag zuvor beim Abendessen am Nachbartisch saß. Dieser wiederum erinnerte mich an einen Professor, bei dem ich früher einige Vorlesungen hatte. Und dieser wiederum erinnerte mich an den einen Darsteller aus der Serie *House of Cards*. Wie hieß der doch gleich? Den konnte auf jeden Fall keiner leiden, weil er Kevin Spacey ständig hinten reinkroch. »Ja, Mister President. Hier, Mister President. Sofort, Mister President.« Würg.

Alle drei genannten Personen waren für mich dieselbe Kategorie Mensch: typische Stasi-Visage und vermutlich Massenblutgruppe. Insgesamt nur auffällig durch ihre äußerst mittelmäßige Erscheinung. Eine Tatsache, welche sie in meinen Augen automatisch umso verdächtiger wirken ließen. Alles in allem passten sie in mein Bild der hausgemachten Vorurteile, aber kennst du einen, kennst du alle. Da brauchte mir niemand etwas zu erzählen. Aber was rege ich mich schon wieder auf?

Irgendwie litten diese ganzen Diktatoren und Feldherren sowieso am Napoleon-Komplex wie ich fand. Ein Begriff, der von einem Psychologen namens Alfred Adler geprägt wurde und jenes Verhalten bezeichnet: mangelnde Körpergröße durch sichtbare Erfolge und Statussymbole zu kompensieren.

Später zückte ich mein Handy und recherchierte:

Wladimir Iljitsch Lenin = 1,64 Meter

Josef Stalin = 1,65 Meter

Joseph Goebbels = 1,65 Meter

Napoleon Bonaparte = 1,66 Meter

Benito Mussolini = 1,69 Meter

Prinz Charming = ohne Angabe, aber im Trickfilm offensichtlich winzig

Da waren der chinesische Mao Zedong und der Österreicher Adolf »Hitler« Schicklgruber – mit 1,75

Meter zumindest körperlich die Riesentrolle unter den blutrünstigen Gartenzwergen.

Weiterhin fand ich eine interessante Dokumentation auf YouTube über Politiker in der früheren Sowjetunion. Laut derer war es nicht Hitler, der die ersten Konzentrationslager errichten ließ, sondern Lenin. Und dieser rief auch die ersten Pogrome gegen die Kirche ins Leben. Na so was? Ihm wurden weiterhin Sprüche zugeschrieben, wie: »Pressefreiheit? Ich habe doch keine Lust auf Selbstmord!«

Oder folgender war auch nicht schlecht: »Nützliche Idioten«. Ich wusste erst nicht, was das bedeuten sollte, bevor ich weiterlas, lachte aber unweigerlich darüber.

Lenin selbst zählte sich wohl nicht zu diesen nützlichen Idioten, sondern meinte damit angeblich westliche Gelehrte, die er für die Sache des Kommunismus eingespannt hatte. Andere waren der Ansicht, er meinte damit seine eigenen Anhänger, weil er das Proletariat, als gut situierter Jurist und aus betucht bürgerlichem Hause stammend, eigentlich verachtete.

Was für ein durchtriebenes Aas?, dachte ich und musste zu meiner Schande feststellen, dass ein Funken Anerkennung in diesem Gedanken lag.

Auf jeden Fall soll Lenin ein brillanter Rhetoriker gewesen sein. Ein Merkmal, welches offenkundig alle erfolgreichen Diktatoren verband. Anders hätten sie ihre Anhänger, Geldgeber und Mätressen vor der Machtergreifung vermutlich auch nicht herumgekriegt.

Abschließend las ich im Netz eine Auflistung der Toten und Ermordeten unter der Herrschaft der teilweise heute noch, und für mich völlig unverständlicherweise, vergötterten Massenmörder (Quelle: Der Wächter):

Mao Zedong: 78 Millionen Tote
Stalin: 23 Millionen Tote
Hitler: 17 Millionen Tote
Leopold von Belgien: 15 Millionen Tote
Hideki Toyo: 5 Millionen Tote
Ismail Enver Pasha: 2,5 Millionen Tote
Pol Pot: 1,7 Millionen Tote
Kim Il Sung: 1,6 Millionen Tote
Lenin war der Bummelletzte mit einer Million Toten auf dem Bierdeckel.

15. Stinker, Geruchlose, Gläubige und Ungläubige

Es ist mir schon öfter ergangen: Ich komme in einen Supermarkt und mir schwappt eine Mischung entgegen aus muffigem Plattenbau-Hausflur, alter Gemüsesuppe und Brühe, die jemand absondert, der die halbe Nacht gesoffen hat und zusätzlich eine Krankheit an sich trägt, bei der selbst der diagnostizierende Arzt Probleme bekommt, sich nicht in den Ausschnitt seiner Assistentin zu übergeben. Was weiß ich? Schweißfuß mit entsprechendem Pilz, eine sich nicht schließende Magenklappe oder »Toilettenpapier ist doch nur scheiß Luxus für Snobs!«

Jedenfalls irgendeine Infektion von jener Sorte, welche einen richtig üblen Gestank ihren Bruder nennt. Ich dagegen bin frisch geduscht, akzeptabel gekleidet, alles wie es sich für einen gut erzogenen Mitteldeutschen gehört. Ich rieche die Seuche und bin mir sicher, diese kann unmöglich von mir stammen. Was tue ich trotzdem wie aus einem Reflex? Ich inhaliere intensiv an mir selbst. Irgendeine Urangst verleitet einen wohl zu dieser Handlung. Man will auf keinen Fall der Begründer solcher Pestilenz sein und lieber auf Nummer Sicher gehen.

Gerüche aller Art sind auf der Erde normale Betriebszustände. Auch wenn man auf die meisten davon verzichten kann. Richtig gruselig sind allerdings die Geruchlosen. Die gibt es wirklich. Auf diesem

Planeten laufen zirka 1,5 Prozent Menschen herum, die nichts absondern, also deren Körper völlig geruchslos sind. Das liegt angeblich an irgendeinem genetischen Merkmal.

Da fällt mir ein, ich hatte einige Jahre mit einer männlichen Person zu tun, die etwas eigenartig war. Alle, die ich kannte, fanden ihn merkwürdig. Wir konnten nicht genau sagen, woran es lag. Er sah völlig normal aus, hatte seine Vorzüge und Fehler wie jeder andere auch, aber trotzdem wurde keiner mit ihm warm. Heute weiß ich, es war ein Geruchloser. Er roch nicht. Weder gut noch schlecht, einfach gar nicht. Das war alles. Das ganze Geheimnis. Es war nicht so, dass wir ihn nicht riechen konnten, wir konnten ihn einfach nur nicht riechen. Er passte nicht ins Programm.

Ich fuhr während unseres Moskauaufenthaltes öfter mal mit Junior, meiner Frau und meiner Schwester in der Metro. Bei einer Fahrt verzog Junior plötzlich das Gesicht und sagte: »Hier stinkt‘s. Papa hast du gepupst?«

Ich lachte und antwortete: »Nein«. Danach sah ich zu den Frauen hinüber und fragte: »Ihr?«

Sie zeigten mir einen Vogel, also sondierte ich das Terrain. Direkt vor mir stand eine Blondine, 22, mit Plastiktitten und nachträglich eingebautem Froschmaul. Obwohl die Bahn halbleer war, stand sie, anstatt zu sitzen. Dies sollte wohl ihrer Erscheinung mehr Ausdruck verleihen, vermutete ich. Sie war auf jeden Fall teuer gekleidet, irgendein Spaghettischneider, vielleicht Valentino, und trug die obligatorische Tonne Make-up im Gesicht. Ich war mir sicher, sie war mal richtig hübsch, bevor sie anfing, sich zu lackieren und ihren ersten Termin bei »Doktor Igor-Pimp-mich-auf« machte. Und das Ganze wahrscheinlich schon mit 16 und gefälschtem Ausweis. Zumindest sah sie so aus, als könne sie ein paar Worte englisch. Vielleicht sollte ich ihr sagen, dass der Zug nicht nach Hollywood fuhr, sondern zum Kiewer Bahnhof in Moskau. Es war eigentlich klar, dass der Gestank nicht von ihr kam. Ich hielt mein Geruchsorgan vorsichtshalber trotzdem in ihre Richtung. Meine Vermutung stimmte, sie war es nicht. Ich witterte lediglich Parfüm. Allerdings bemerkte sie mein Handeln. Sie sah mich erschrocken an und entfernte sich ein paar Tippelschritte, hielt mich wohl für einen Perversen. Sollte sie doch annehmen, was sie wollte. Wahrscheinlich bestand ihr Lebensinhalt darin, irgendwelchen fetten Oligarchen Blowjobs zu verpassen, weil die ihr versprachen, sie hätte bald ihren großen Durchbruch.

Ich schnupperte mich also weiter durch die Gegend. Auch wenn es jetzt wahrscheinlich eine Diskussion gibt, aber mein Blick blieb bei zwei jungen Arabern hängen. Mein Russisch reichte noch, um das Wort *Koran* in kyrillischer Schrift auf dem Einband der Bücher in ihren Händen entschlüsseln zu können. Die Typen hatten pechschwarze Augen, pechschwarze Haare und ebenso schwarze Vollbärte von einem Ohr zum anderen. Die sahen komisch aus. Also die Bärte, nicht die Ohren.

Und es gibt eben doch essentielle oder »fundamentalistische« Unterschiede bei solcherlei Gesichtsbehaarung. Auf der einen Seite die Vollbärte der nordischen Wikinger, der friesischen Seemänner, slawischen Volkshelden, britischen Ladykiller und des mitteldeutschen Barbarenadels. Und um die Araber nicht zu denunzieren, selbst die meisten Ölscheiche sehen cool aus. Die arabischen Barbiere gehören handwerklich mit Sicherheit zu den besten der Welt und ihre Arbeit ist auf jeden Fall frauenbezogen und gemäldeaffin. Aber auf der anderen Seite diese Gesichtsborsten der islamischen Hassprediger, Salafisten und eben dieser Typen damals in der Metro.

Ich wusste, es waren billige Vorurteile, gerade weil ich zu jener Zeit selbst nur Gast in einem fremden Land war, aber ich konnte nichts dafür und dachte in dem Augenblick: *Jungs, auch wenn ihr wahrscheinlich total friedlich seid, aber alles, was Fundamentalismus versprüht, belästigt mich. Und mir ist es völlig egal, ob es sich um radikale Moslems, Erzkatholiken, evangelische oder evangelikale Christen, Zeugen Jehovas, Voodoo-Priester oder orthodoxe Juden und ständig »Das ist Antisemitismus!« rufende Zionisten handelt. Ihr könnt glauben, was ihr wollt, aber geht mir damit nicht auf den Sack. Das fängt für mich bei der Kleidung und äußeren Erscheinung an und hört bei einer adäquaten Körperpflege auf. Und diese ständigen Feindschaften. Katholiken gegen Protestanten, Moslems gegen Juden, Dortmund gegen Schalke – keine Sau weiß, worum es da wirklich geht. Um den heiligen Weltmeister-Pott, oder was? Und was die Antisemiten betrifft, man muss ja nun, weiß Gott, nicht gleich jeden Juden hassen oder verdammen, bloß weil einem dieser Michel Friedmann, alias Paolo Pinkel, auf die Nerven geht.*

»Wenn du es nicht logisch erklären kannst, dann musst du es eben glauben. Gottes Plan ist unergründlich«, hat man ja schon oft von den Pfaffen gehört.

Einen Scheiß muss ich. Glauben ist für mich nicht etwas, das in Büchern geschrieben steht oder von einer Kanzel herunter gepredigt wird. Für mich beruht Glauben auf einer persönlichen Erfahrung, die einen wider- oder durchfuhr oder eben nicht. Genau dann glaube ich oder eben nicht. Und nicht, weil irgendjemand anderes dies unbedingt so will und den Leuten deswegen Märchen erzählt. Und wo ich schon einmal dabei bin, mich zu echauffieren: Ich an Gottes Stelle hätte es genauso getan. Wenn die Christen und Moslems, oder Kreuz gegen Mondsichel, sich jahrhundertelang nicht einmal über die Farbe von Exkrementen einigen können, dann gebe ich eben den Juden Jerusalem. Ich weise an, sie sollen überall verkünden, sie seien meine Vertreter auf Erden, statte sie mit Uzis und Cornershots aus und sage ihnen, sie sollen auf alles aufpassen, ansonsten haue ich mit der Faust auf den Tisch und das war es dann für die Menschheit. Aber was rege ich mich auf?

Wenn ich mir die beiden Gebetsbrüder in der U-Bahn so ansah, zu den Türmen in Big Apple gab es auch eine persönliche Geschichte und die war ein bisschen *strange*.

Ich hatte zu jener Zeit während der Anschläge in New York in Bayern gearbeitet und direkt in München gewohnt. In Schwabing, um genau zu sein. Das empfand ich damals als hipp. 30 Quadratmeter Wohntoilette für schlappe 1300 Mark. Konnte ich mir natürlich von meinem Mechanikergehalt nicht leisten. Und das waren damals ungelogen 4000 Mark netto über eine Leihfirma. Die hatten um die Jahrtausendwende in Bayern solch einen Notstand an Handwerkern, dass die selbst ostdeutsche Autoschlosser sehr gut entlohnten. Aber 4000 Mark reichten in München bei einem 26jährigen, der dem leichten Leben nicht abgeneigt war, exakt drei Wochen. Also hatte ich eine Wohngemeinschaft mit einem Fahrzeuglackierer gegründet, der aus der Nähe von Leipzig stammte, mir eines Tages im Büro der Leihfirma über den Weg lief und wir ins Gespräch kamen.

Wir zogen zusammen und teilten uns die Miete. Wir machten Party, soffen und trafen uns mit diversen Damen. Mir war das egal, ich hatte damals keine feste Freundin. Bei ihm sah das anders aus. Er war verheiratet und hatte ein Kind. Eines Tages teilte ihm seine Frau von zu Hause aus mit, dass sie sich scheiden lassen würde. Ich sah ihn dann nur noch selten. Weil sein Gehalt als Lackierer nicht mehr ausreichte, nahm er eine besser bezahlte Stelle als Kraftfahrer an und war europaweit unterwegs. Da die Wohnung auf seinen Namen lief, trafen wir uns meistens nur noch einmal im Monat und ich gab ihm meinen Anteil der Miete *cash*. Ansonsten hatte ich das Apartment für mich allein. Das letzte, was ich über ihn hörte war der Inhalt eines Telefongespräches zwischen seiner Frau und mir, mit der Information, dass ihr Noch-Ehemann oder mein Mitbewohner freiwillig aus dem Leben geschieden sei. Monate später erfuhr ich, dass er einen Abschiedsbrief geschrieben und sich danach in seinem neugebauten Haus erhängt hatte. Ich weiß noch, ich dachte damals als Erstes: *Na, zum Glück nicht in unserer Wohnung.*

Sachen dachte man als junger Mensch, um Himmels willen.

Aber eigentlich wollte ich Ihnen ja etwas anderes erzählen:

Wir hatten in Schwabing eine Nachbarin, ich weiß ihren Namen nicht mehr, die war mit einem Araber befreundet, der angeblich als Banker in Augsburg arbeitete. Dies hatte sie uns einmal bei einem Kaffeekranz erzählt. Sie selbst schien keiner täglichen Lohnarbeit nachzugehen, was ihrem luxuriösen Lebensstil allerdings keinen Abbruch tat. Jedenfalls nagelte sie am 12. September 2001, einen Tag, nachdem die Türme in New York gesprengt wurden, ein selbstgemaltes Poster an die Eingangstür des Wohnblockes, auf dem sinngemäß geschrieben stand, dass ihr Freund Abdullah am darauffolgenden Samstag eine große Geburtstagsfete feiern würde, es vielleicht etwas lauter werden könnte und das ganze Haus eingeladen sei. Das war meinem Mitbewohner und mir damals sofort verdächtig. Von wegen Geburtstagsfete. Wir konnten dann am Samstag die ganze Nacht nicht pennen, weil die vermeintlichen Terroristen von nebenan einen Krach auf 60 Quadratmetern veranstalteten, wie 1000 muselmanische Händler auf einer Opium-Messe in Kabul. Fehlte nur noch, dass sie vor Freude mit Kalaschnikows in die Zimmerdecke geballert hätten.

Also damals dachte ich, ist vielleicht eine simple Geburtstagsfeier oder ein bisschen Freude über die Anschläge aus politischen Gründen oder beides in einem Abwasch. Heutzutage, mit 19 Jahren Abstand, muss ich sagen, ich weiß nicht genau, was da wirklich am 11. September 2001 in New York geschehen ist. Aber ich habe den Verdacht, dass mein arabischer Banker-Nachbar damals weder eine Geburtstagsfeier veranstaltete, noch seine Freude über die Anschläge zum Ausdruck brachte, sondern einfach nur mit Freunden seinen neuerworbenen Reichtum feierte, den er zufälligerweise durch Aktienleerverkäufe einen Tag vor den Anschlägen erworben hatte. Was war das Leben doch für ein Glücksrad? Aber vermutlich irre ich mich und das war alles ganz anders…

Seit jenen paar Arbeitsjahren habe ich nie wieder einen Fuß in die bayrische Hauptstadt gesetzt und habe es auch nicht auf dem Plan der unerledigten Dinge.

Während meines Aufenthaltes in München kam ich mit den Umständen klar, obwohl ein gewisser Verdacht tief in mir stetig präsent war. Einige Jahre danach und nüchtern betrachtet, war ich mir absolut sicher, diese Stadt war einfach nur hochnäsig und boshaft. Wie mussten sich da erst die Nazigegner in den 30ern und 40ern des vorigen Jahrhunderts gefühlt haben? Umringt von braunhemdigen, ungebildeten und randalierenden Straßenkötern, gefangen in deren Hochburg.

Einmal stand ein schwarzer Geländewagen neben mir an der Ampel und hinterm Steuer saß etwas, das aussah wie »FKK«-»Fette-Koksende-Kampflesbe«. Das war meine damalige Bezeichnung für eine zu jener Zeit sehr populären Fernseh-Prominenz Ich weiß heute nicht mehr genau, ob sie es wirklich war. Sie war allerdings auch nicht der Grund, weshalb ich die Stadt nicht mochte. Es trug sich zu, dass auf einer Party ein hübsches Mädchen, die einen Job in einer namhaften Münchner Bäckereikette hatte, mit mir ins Gespräch kam. Es lief eigentlich ganz gut - bis zum Punkt der Berufserörterung.

»Automechaniker? Oh mein Gott!«, stieß sie hervor und tauchte anschließend hektisch in der Menge unter.

Ich rief ihr noch hinterher, dass Brotverkäuferin jetzt auch nicht gerade ein Mitgliedsausweis für den Buckingham-Palast wäre und sie außerdem eine blöde Kuh mit lächerlicher Schulbildung sei und ich dagegen eine Zukunft hätte. Ich wusste allerdings nicht, ob sie es bei dem Lärm ringsum gehört hatte. Danach ging ich zu einem Typ, der im Sanitärbereich herumlungerte, und kaufte bei ihm von meinem letzten Geld etwas, um den Ärger in mir zu betäuben.

Scheiß München, dachte ich. Dass nicht die Stadt das Problem war, sondern ich selbst, kam mir damals überhaupt nicht in den Sinn.

Wo waren wir eigentlich stehen geblieben? Ach so, der Gestank in der Moskauer Metro und die Ermittlung seines Verursachers.

So, anyway, das russische Starlett war es also nicht, die beiden islamistischen Rumpelstilzchen waren es auch nicht und meine Schwester, meine Frau, unser Junior und ich selbst waren es mit Sicherheit ebenfalls nicht. Wer konnte es also sein? Mein Blick durchforstete weiter das Abteil. Da hatte sich doch tatsächlich ein abgerissener Kerl mit einem Trainingsanzug aus schmutziger Ballonseide am Leib, fettigem akkurat gescheiteltem dünnem Haupthaar, und einen Beutel Bierflaschen zwischen den Beinen durchgeschmuggelt, und schnarchte jetzt einen in der Ecke vor sich hin.

Vorurteile und Klischees über das soziale Prekariat hin oder her, aber für mich war Fakt: DAS war der Stinker. Schluss, aus! »Für Wasser und Seife ist niemand zu arm!«, pflegte meine Oma immer zu sagen und recht hatte sie.

Nachdem ich noch ein paar gemurmelte Flüche in die Dunstrichtung schickte, hörte ich auf, weil Junior plötzlich anfing zu kichern und flüsterte: »Papa, das sagt man nicht. Bekommst du Schimpfe von der Mama. So reden nur die Asozialen.«

»Asozialen?«, mischte sich meine Frau leicht erzürnt ein. »Du bist drei Jahre alt. Wo hast du so etwas her? Redet so jemand im Kindergarten?«

»Nein«, antwortete Junior prompt. »Das sagt Papa immer, wenn wir Auto fahren.«

»Wenn ich nicht dabei bin?«, fragte sie weiter und sah mich währenddessen mit scharfem Blick an.

»Ja«, sagte Junior und zog das Wort extra in die Länge.

Meine Frau hörte nicht auf zu bohren, und fragte: »Was sagt denn der Papa noch so alles im Auto, wenn ihr allein seid?«

Junior überlegte einen kurzen Moment, dann zählte er auf: »Mmmhhh... Assis, Fahrerlaubnis wegnehmen, an die Wand stellen. Mehr weiß ich jetzt nicht, Mama.«

»Ich glaube, der Papa und ich müssen sich mal dringend unterhalten«, zischte meine Frau in die Richtung, in der ich saß.

Ich kitzelte Junior durch und nannte ihn eine Petze. Er fing an zu lachen und rief dabei: »Gar nicht, Papa. Ich bin keine Petze.« Eine Sekunde später verriet er seinen Kindergartenkumpel, indem er brüskiert ausrief: »Aber Willi ist eine Petze!«

Wir fingen an zu lachen und meine Schwester warf ein: »Also, wenn er so etwas mit Absicht sagt, verfügt er jetzt schon über einen exquisiten Humor.«

Dann rümpfte sie die Nase und fragte: »Was stinkt hier eigentlich so?«

»Ach, ist dir das auch schon aufgefallen?«, sagte ich. »Das haben wir vorhin bereits angeprangert.«

»Da muss ich kurz weggenickt sein«, erwiderte meine Schwester.

Ich deutete auf dreckige Ballonseide: »Ich glaube, es ist dieser Typ da hinten, der so muffelt. Alle anderen im Wagon habe ich bereits auf bakterielle Stoffwechsel- und Zersetzungsprozesse hin abgecheckt.«

»Beim Herflug hat es in der Maschine auch ordentlich geduftet«, formulierte es meine Frau euphemistisch.

»Echt? Erzähl«, sagte meine Schwester, während sie grinste, und folgte anschließend dem Bericht meiner Frau.

Ich fasse das Ganze aus meiner Sicht gleich mal zusammen. Die Intention der Aussage meiner Frau war Folgende: Eigentlich war Flug 818 der Pobeda Airline von Leipzig nach Moskau, mit dem wir unterwegs waren, frei von unangenehmen Gerüchen. Eine Tatsache, die ich sehr beruhigend fand. Ich ärgerte mich ein wenig, dass ich die Printversion von Michel Houellebecqs »Ausweitung der Kampfzone« nicht dabei hatte. Falls man nicht weiß, wer das ist, Michel Houellebecq, für die einen der größte französische Schriftsteller der modernen Popliteratur. Kontrovers, reich und brillant. Für die anderen nichts weiter als ein übler Sexist, Rassist und kleiner mieser hässlicher Franzmann.

Ich hatte mir eines seiner Bücher extra für diesen Flug gekauft, dann aber aus Platzgründen im Handgepäck, doch zu Hause gelassen, weil ich das Ding noch als E-Book auf dem Telefon besaß. Ich musste allerdings feststellen, dass ich dieses ebenfalls nicht lesen konnte. Junior, der neben mir am Fenster saß, benutzte mein Handy, um den Zeichentrickfilm »Rabe Socke« darauf anzusehen. Ich wollte ihn überreden, mir das Telefon für eine halbe Stunde gegen eine Gebühr zu überlassen. Er seinerseits gab mir zu verstehen, er hätte Geld genug und ich sollte ihn nicht weiter stören, denn Rabe Socke würde sich schließlich nicht von alleine gucken.

Was konnte man schon gegen solcherlei Argumente eines dreijährigen Prachtkerls entgegnen? Mir blieb also nichts weiter übrig, als mich zurückzulehnen, die Augen zu schließen und ein wenig zu schlafen.

Auf den schneebedeckten Moskauer Dezemberboden wurde ich geholt, als mein Kumpel Grummel, der uns samt Ehefrau für ein paar Tage begleitete, nach der Landung auf dem Weg zum Shuttlebus berichtete, dass ein Passagier, der wohl die komplette Sitzreihe vor ihm gebucht hatte, was bei den billigen Ticketpreisen kein Wunder war, in regelmäßigen Abständen exzessiv furzte. Außerdem sah er eine stark angetrunkene Frau in der Ecke hängen. Diese hatte sich ihre Klamotten von oben bis unten vollgebrochen und dachte wohl verzweifelt darüber nach, ob sie in den letzten 48 Stunden zwischen Leipziger Weihnachtsmarkt und Rückflug nach Moskau noch etwas anderes zu sich genommen hatte außer Glühwein mit Rum.

So war das wahrscheinlich, wenn man als Grundlage für den Alkohol nur Alkohol zu sich nahm.

Zum Glück blieben meiner Person andere olfaktorische Wahrnehmungen erspart.

16. Fairs-Messen

Es war im Jahre des Herrn 2017 in den Iden des Octo, also des Oktober, was eigentlich »acht« bedeutet, aber irgendwann vor langer Zeit zwei Monate nach hinten auf den Zehnten verschoben wurde und inhaltlich somit vollkommener Schwachsinn ist. Aber zum Glück interessiert das heutzutage eh keinen mehr.

Jedenfalls sollte mein Buch »Du nimmst besser einen Ofen mit« auf der Frankfurter Buchmesse Premiere feiern. Also lud ich meine Frau und unseren Junior an einem Freitagnachmittag ins Auto und machte mich zusammen mit ihnen auf den Weg zum unschönen »Mainhattan«. Dort angekommen, besuchten wir zuerst die Schwester meiner Frau samt Ehemann, bei denen meine Gattin zusammen mit unserem Junior das Wochenende verbrachte, während ich schuften durfte.

Am nächsten Morgen fuhr ich allein zum Messegelände und bekam natürlich, weil dieses suboptimal irgendwo mitten in der Stadt lag, keinen Parkplatz. Also rollte ich in ein Parkhaus, welches relativ leer war und mich ein kleines Vermögen kostete, wie ich später feststellte. Das Leben ist eben manchmal hart, aber dafür war der Fußweg zum Messegebäude nicht lang.

Ich sah auf den Wecker an meinem Handgelenk. Es war kurz nach zehn Uhr. Das erste »Meet&Greet«, bei dem ich den »Grüß-August« geben sollte, war von meinen Herausgeberinnen auf elf Uhr angesetzt worden. Ich hatte also noch fast eine Stunde Zeit. Ich kramte den Messeplan, den ich vorher samt Eintrittskarten vom Verlag geschickt bekommen hatte, aus meiner College-Umhängetasche hervor, studierte ihn kurz und begab mich anschließend auf die Suche nach dem Verlagsstand. Dort irgendwann endlich gestrandet, standen da ungefähr 200 Menschen herum. Freudestrahlend begrüßte ich meine beiden Verlegerinnen mit den Worten: »Guten Morgen! Sind die alle wegen mir hier? Geilo!«

Die beiden Damen teilten meine Vorfreude nur bedingt und antworteten: »Leider nein, Sebastian Fitzek gibt nebenan eine Signierstunde.«

»Ach, ist doch vollkommen egal!«, sagte ich und hielt ihnen mein Handy vor die Nasen. »Los, macht ein Foto von mir und den Massen!«

Zu meiner Veranstaltung eine halbe Stunde später, waren dann nur marginal weniger Fans da als beim Bestsellerautor Fitzek von nebenan, mit allein in Deutschland geschätzter Auflage von dreieinhalb Millionen. Dies hielt mich jedoch nicht davon ab, jeden einzelnen mit Handschlag zu begrüßen, und das dauerte auch nicht so lange wie erwartet. 20 Hände waren schnell geschüttelt. Anschließend wurde hier und dort geplaudert, ein paar Bücher wechselten den Besitzer und man gab Autogramme auf diverse Körperteile. Es war großartig und so fühlte ich mich auch. Dafür hatte sich die harte Arbeit im Vorfeld gelohnt. Wen interessierten da schon irgendwelche Verkaufszahlen oder Kritiken? Später gab ich dann noch ein Interview für einen Podcast und traf am nächsten Morgen im Rahmen eines anderen Interviews Sebastian Fitzek nochmal persönlich. Ein sehr entspannter Typ. So konnte es weitergehen.

Im November 2017 war ich Teil des kulturellen Rahmenprogramms auf der Caravan- und Touristikmesse in Leipzig. Ich hatte 15 Minuten Redezeit und sollte etwas aus meinem letzten Buch vorlesen, welches in Zentralasien handelte und irgendwie mit Reise und Tourismus zu tun hatte. Es war ein Donnerstag und mein Auftritt fand vormittags elf Uhr statt. Also hauptsächlich Laufpublikum in Form von Rentnern. Vor der Bühne standen etwa 100 Stühle und auf denen saßen verteilt exakt vier Leute. Darunter eine meiner Verlegerinnen und weiter rechts dahinter eine Klassenkameradin, die ich seit über 20 Jahren nicht mehr gesehen hatte und die extra wegen mir dorthin gekommen war. Darüber war ich sehr erfreut. Die spärliche Zuhörerresonanz hielt den Moderator allerdings nicht davon ab, mich anzukündigen, als sei ich der wiedergeborene Roy Black bei der Einweihung eines Möbeldiscounters. Kam der doch tatsächlich zehn Minuten vor meinem Auftritt zu mir und wollte eine kurze Vita von mir und meines bisherigen Schaffens. Der hatte natürlich noch nie etwas von mir gehört. Und dann haute der mit diesen wenigen Informationen über mich eine Antrittsrede ohne abzulesen heraus - es war der Hammer. Fast so, als hätte er all meine Bücher schon mindestens fünfmal gelesen und würde meine Karriere von der ersten Sekunde an verfolgen. Ich hab mich köstlich amüsiert und hatte jede Menge Spaß, auch wenn meine darauffolgende Bühnenpräsenz kaum jemanden interessierte. Es war sogar so, dass ich in einer Situation aufhörte zu lesen und den vorbeitrottenden Messebesuchern beim In-die-Gegend-Hineingaffen zusah. Keiner nahm Notiz von dem Heini, der da auf dem Podest herumhampelte. Also entschloss ich mich kurzerhand und extra laut Folgendes in das Mikrophon zu sagen: »Porno!«

Ja, so etwas funktioniert fast immer. Auf einmal blieben die Leute stehen, hoben die Köpfe und starrten aus überraschten Gesichtern in meine Richtung. Einem älteren Herren fiel doch sogar tatsächlich die halbe Bockwurst wieder aus dem Mund und zog anschließend eine unschön ansehnliche, gelbbraune Spur des Senfes quer über seinen *Big Fashion* Pullover vermutlich aus dem *Adler Katalog* oder sonst woher. Plötzlich waren die Menschen interessiert an meinem Programm. Also hauptsächlich die Männer.

»Na, da können wir doch mal zuhören«, wurde da geflüstert.

»Herbert, komm da sofort weg, wir müssen weiter!«, schallte es dann von der dazugehörigen Dame etwas lauter und befehlshaberischer zurück. »Du weißt doch, wir haben nicht so viel Zeit und schließlich müssen wir uns noch das neue »Dethleffs«-Wohnmobil ansehen!«

Ich überlegte, ob mir vielleicht noch irgendein anderes Schlagwort einfiel, welches ich in das Mikro husten könnte, um die Leute bei mir zu halten. Aber leider musste ich feststellen, dass innovative Menschen nur über eine begrenzte Anzahl von Visionen verfügen. Selbst ich.

Also zogen die Menschen weiter und widmeten sich dem, weswegen sie eigentlich hier waren, nämlich Campingurlaub.

Im März 2018 hatte der Verlag wieder ein »Meet&Greet« für mich organisiert. Diesmal auf der Buchmesse in Leipzig. Ich hatte also irgendwie Heimvorteil und sprach mit weitaus mehr Interessierten als dies in Frankfurt ein halbes Jahr zuvor der Fall war. Ich war gut aufgelegt, plauderte hier und dort, also Jux und Tollerei vom Feinsten, wie man so schön sagt. Solange man es nicht übertrieb mit den Späßchen, war ich für alles zu haben.

Plötzlich stand ein Typ, oder besser gesagt, ein Brocken mit geschätzten drei Metern Körpergröße, schwarzem Anzug und Knopf im Ohr vor mir und knurrte: »Wo finde ich den Autor, der dieses Buch hier über Tadschikistan geschrieben hat?« Dabei wedelte er mit einer mir sehr bekannten Schwarte vor meiner Nase herum.

Huch!, dachte ich mir. *Wie komm ich denn aus dieser Nummer wieder raus? Jetzt bin ich aber so was von dran! Wahrscheinlich bekomme ich lebenslang Einreiseverbot nach Tadschikistan. Aber nur, wenn ich Glück habe.*

Ich sondierte das Terrain um uns herum und hatte das Gefühl, der Riese und ich wären auf einmal die einzigen Hinterbliebenen auf dem kompletten Messegelände. Irgendwie so eine apokalyptische Endzeitszene nach einem Rundumschlag der genmanipulierten Mutanten. Und ich war hier der letzte Sterbliche auf der Scheibe.

»Wo ist denn der Autor nur plötzlich hin?«, stammelte ich und tat so, als würde ich die Gegend nach ihm absuchen. »Also gerade war er noch hier.« Anschließend zuckte ich mit den Schultern. »Ja, da kann man wohl nichts machen. Aber weit kann er noch nicht sein. Am besten, Sie machen sich gleich auf die Suche nach ihm. Der ist auch nicht zu übersehen. Sie finden den ganz leicht.« Ich unterbrach mich kurz und tat so, als müsste ich nachdenken, dann zählte ich auf: »Roter Irokese auf dem Kopf, miserabel sitzender Anzug mit hohem Kunstfaseranteil, in der Farbe kackbraun aus dem Discounter, und heißt in Wirklichkeit Sascha Lobo.«

Mein Gegenüber musterte mich einige Sekunden mit ernster Miene, dann blätterte er in dem Buch und sagte: »Das sind doch Sie!«, und zeigte auf ein

Autorenfoto, welches sich darin befand, auf dem natürlich kein anderer abgebildet war als ich selbst.

Ich gab mich geschlagen, hob die Hände und grinste verlegen. »Äh, ´tschuldigung.«

Der Protz schüttelte den Kopf. Dann drehte er sich herum und deutete auf einen Mann, der hinter ihm stand und von dem Riesen komplett verdeckt worden war. »Mein Boss, der Konsul, ist extra aus Hamburg angereist und würde sich gern mit Ihnen unterhalten!«

Das war der Moment, in dem ich mir sicher war, dass ich das Messegelände nicht lebend verlassen würde.

Der besagte Herr konnte meine Gedanken wohl lesen, denn er brach plötzlich in Gelächter aus, kam mit ausgestreckten Armen auf mich zu und begrüßte mich herzlich.

»Bitte verzeihen Sie«, sagte er, nachdem er sich beruhigt hatte. »Aber mein Mitarbeiter ist ein großer Liebhaber dramatischer Auftritte.«

Es stellte sich heraus, dass der Konsul auf Werbetour für sein Heimatland Tadschikistan quer durch Europa unterwegs war. Da kam ihm ein Schreiberling, der ein Buch verfasst hatte, in dem Tadschikistan eine Rolle spielte, ziemlich gelegen. Also sprachen wir zehn Minuten miteinander, des Konsuls Pressemitarbeiterin schoss einige Fotos von uns, auf denen ich permanent grinsend mein Buch in die Kamera halten musste und so weiter und so fort.

»Wie fanden Sie denn meine Geschichte?«, fragte ich, weil ich mir trotz dieser ganzen Herzlichkeit immer noch nicht sicher war, ob ich in Tadschikistan jetzt nicht vielleicht auf irgendeiner Liste stehen würde.

»Keine Ahnung«, antwortet der Konsul, während er mein Buch in der einen Hand haltend, breit in die Kamera lachte, und mit der anderen den Daumen hoch schnippte. »Ich habe das Buch nie gelesen.«

Fünf Sekunden später verabschiedete sich der tadschikische Tross von mir und ich begab mich auf die Suche nach einer Toilette. Ich musste ganz dringend meine Unterwäsche kontrollieren.

Ein Jahr später, im März 2019 wurde ich zu einer für mich organisierten Buchlesung in eine Kirche irgendwo im Südharz eingeladen. Ich trat dort zum ersten Mal mit Uwe auf. Uwe ist Berufsschullehrer und Gitarrist und spielte in den Pausen zwischen meinen Leseepisoden Songs kreuz und quer durch die Schlager- und Rockgeschichte. Er verstand sein Handwerk, dem Publikum gefiel es, sodass ich mich entschloss, ihn auch zukünftig bei meinen Veranstaltungen auftreten zu lassen.

Die Kirche war völlig überraschend bis auf den letzten Platz gefüllt. Wir waren begeistert. Rechts in der ersten Reihe saß ein sturzbesoffener Fan, der seine Wodkaflasche kreisen lassen wollte, aber alle dankend ablehnten. Nach der Show kam die Organisatorin mit dem örtlichen Prediger im Schlepptau zu Uwe und mir und sagte freudestrahlend: »Mensch, so voll habe ich die Kirche in meinem ganzen Leben noch nicht gesehen!«

In meiner jugendlich leichtsinnigen Art von knapp 44 Lebensjahren, ließ ich mich dazu hinreißen zu erwidern: »Das kommt immer ganz darauf an, wer da vorn auf der Bühne steht.«

Sie lachte laut auf und guckte dann aber etwas verlegen zum Geistlichen. Der lachte natürlich nicht. Aber ich lachte und Uwe lachte mit, während er seine Instrumente einpackte. Und ich bin mir ganz sicher, dass Gott auch gelacht hat, weil ich fest daran glaube, dass er, anders als einige seiner Vertreter hier auf dem Planeten, ebenfalls Humor besitzt. Muss er schließlich auch, denn ohne Sinn für Humor hätte der uns doch sicher niemals erschaffen...

17. Hochaffine Schlussthemen, die zur Verbesserung der neuronalen Plastizität führen, also kurz gesagt: »Walk the Talk«.

(Ich habe keine Ahnung, was das bedeutet und ob das irgendeinen Sinn ergibt, aber das ist mir völlig egal!)

Als wir zu Besuch bei meiner Schwester in Moskau waren, hatten wir uns an irgendeinem Vormittag zehn Uhr mit einer Fremdenführerin verabredet, die uns die russische Metropole näher bringen wollte, und zwar abseits des Mainstreams. Weil Junior unsere zeitlichen Vorgaben an jenem Tag allerdings völlig gleichgültig waren und er uns ausführlich mit den Worten eines Dreijährigen erklärte, weshalb er unbedingt noch dies und das zu erledigen habe und ganz dringend weiter Jackson Storm suchen müsse (für Nichteingeweihte, das ist ein Spielzeugauto und gleichzeitig ein Charakter aus einem Disney-Zeichentrickfilm), weil er ohne diesen unmöglich die Wohnung seiner Tante verlassen könne, kamen wir natürlich eine halbe Stunde zu spät zum vereinbarten Treffpunkt. Es waren minus drei Grad in Moskau und es schneite in großen Flocken. Die Fremdenführerin begrüßte uns mit leicht angesäuertem Gesichtsausdruck und stark sächsisch klingenden Worten, die wohl hauptsächlich an meine Schwester gerichtet waren: »Sie sagten zwar am Telefon, dass es zehn Minuten später werden würde, aber mittlerweile sind es...«, und dabei sah sie etwas theatralisch auf ihre Armbanduhr.

»Fast 30 Minuten«, beendete ich ihren angefangenen Satz, vielleicht etwas schärfer, als es beabsichtigt war, weil mir diese Frau zu jenem anfänglichen Zeitpunkt bereits auf die Nerven ging. Junior hatte unsere Geduld vorher schon genug strapaziert, da benötigte ich nicht auch noch die Standpauke einer Frau, die genauso sprach wie dieser Kantinenkomiker Uwe Steimle, obwohl dieser öfter mal ziemlich schlaue Dinge von sich gibt. Ich fuhr mich herunter und wählte meine folgenden Worte mit Bedacht. Allerdings nicht ohne ihr – und das meine ich jetzt nur im übertragenen Sinn, weil sie ja die Fremdenführerin war und nicht ich – die Richtung vorzugeben, damit sie sich gleich orientieren konnte, wo es hier langging. »Ja, Entschuldigung«, sagte ich und lächelte sie in gespielter Schüchternheit an. »Es ist schwierig, den Vormittag exakt und akkurat durchzuplanen, wenn man ein Kleinkind hat. Aber wenn Ihr Tagesablauf durch unsere Verspätung durcheinander gekommen ist und wir den Rundgang jetzt nicht mehr schaffen, weil Sie gleich zur nächsten Touristengruppe müssen, dann würde ich vorschlagen, wir lassen das Ganze hier einfach komplett ausfallen.« Anschließend klimperte ich sie mit den Augen eines Engels an. Allerdings mit dem Lächeln eines Drachen.

Sie verstand meine Botschaft, dass sie dann selbstverständlich auch keinen einzigen Cent unserer hart verdienten Kohle sehen würde, denn eine Sekunde später drehte sie sich herum und sagte: »Bitte folgen Sie mir!«

Sie führte uns zu Orten und Plätzen abseits der üblichen Touristenwege: ortstypische Kantinen, Ramschläden, einem Kloster und noch ein paar Bauten, die ich schon wieder vergessen habe. Außerdem zeigte sie uns das Atomministerium. Meine Bemerkung, dass dieses im Dunkeln bestimmt grün leuchte, konterte sie mit den Worten, sie glaube nicht, dass dieses Gebäude im Dunkeln grün leuchten würde.

Aha, humorlos ist sie also auch noch, dachte ich. *Also abgesehen von ihrem Dialekt natürlich.*

Nach knapp zwei Stunden war der Spuk endlich vorbei. Wir verabschiedeten uns von der Frau, genau hier am Kiewer Bahnhof, in der Nähe des Roten Platzes und bezahlten sie. Ich glaube, es waren 60 Euro.

»Beim nächsten Mal zeige ich Ihnen noch ein paar andere Plätze abseits der üblichen Routen«, sagte sie abschließend.

Der freudige Ausruf: »Auf jeden Fall«, kam so lautstark und synchron aus den Kehlen meiner Begleiter, dass mein: »Auf gar keinen Fall!«, darin unterging wie die Trillerpfeife eines Überlebenden im Indischen Ozean.

Nachdem die Führerin aus unserem Sichtfeld verschwunden war, lautete das Fazit der Damen: »So haben wir mal Orte in Moskau gesehen, die man normalerweise nicht sieht.«

Fazit von mir: »Wenn wir diese Orte jetzt aber nicht gesehen hätten, wäre es auch keine Katastrophe gewesen.« Ich fügte noch hinzu: »Obwohl, einer Horde Matroschkas in irgendeinem Bruchbudenkellerimbiss beim Futtern zusehen zu dürfen, ist natürlich ein kulturelles Erlebnis, ohne dass man Moskau auf keinen Fall verlassen sollte.«

Junior, der auf meinen Schultern thronte, klopfte mir auf die Mütze und rief aufgeregt: »Papa, guck mal. Da ist McDonalds, McDonalds.«

Ich sondierte daraufhin das Terrain und erkannte rechts gegenüber eines der von meinem Sohn heiß begehrten Schnellrestaurants. Aber heiß begehrt nicht etwa wegen des Essens, sondern ausschließlich wegen des Spielzeugs in der Junior Tüte. Wir hatten nämlich festgestellt, dass es in Moskau in jeder dieser Fressbuden, in der wir waren, komplett andere Spielzeugkreationen gab. Und ich rede hier nicht von irgendwelchen pädagogisch langweiligen Malbüchern aus recyceltem Klopapier, sondern von Kampfmonsterrobotern aus Plastik, die ihren Kopf um 360 Grad verdrehen konnten. Also wie im richtigen Leben. Junior und ich waren jedenfalls begeistert. Er, wahrscheinlich weil er so niedlich ist, hatte bisher jedes Mal zwei verschiedene Spielzeuge von den Verkäufern bekommen. Eines durfte er sich sofort aussuchen und ein anderes war noch in der Menüpappschachtel. Und ich freute mich auch immer, weil ich den größten Teil des Essens wegmampfen durfte. Ausgenommen den

Obstsalat. Den hatte meine Frau unserem Junior jedes Mal, unter Androhung, die Spielzeuge würden ansonsten eine Flugreise in die Wolga unternehmen, in seine Schnute gedrückt. Als ich intervenierte, dass der Fluss eigentlich Moskwa hieße, der durch Moskau fließen würde und die Stadt nach ihm benannt sei, bekam ich zu verstehen, dies gehöre alles zum Einzugsgebiet der Wolga. Ich habe das natürlich sofort in Form von Internetrecherche verifiziert, weil ich skeptisch war, aber es stimmte selbstverständlich mal wieder. Mann, Mann, Mann! Oder in diesem Fall besser, Frau, Frau, Frau!

Apropos Flugreise: Habe ich Ihnen eigentlich schon erzählt, dass ein Flugticket von Leipzig nach Moskau und wieder zurück zum Zeitpunkt unserer Buchung den ungefähren Gegenwert einer Pkw-Tankfüllung hatte? 66 Euro ohne Gepäck und mit Zusatzgepäck, waren es, glaube ich, etwas über 90 Euro. Also, ich will mich nicht darüber beschweren, aber gesund ist das nicht. Vor allem, wenn man sich überlegt, dass die zwei Flaschen Vodka der Marke: *Beluga Transatlantic*, welche ich zwei Tage später auf dem Heimflug in meinem Koffer hatte, ungefähr so viel kosteten wie ein Flugticket. Über manche Dinge sollte man nicht zu lange nachgrübeln, sondern sie einfach mitnehmen, wenn sie sich anbieten. Da fällt mir noch etwas anderes ein.

Es war im September 2018, als meine Schwester nach zwei Monaten Dienst in Moskau zurück nach Deutschland geflogen war, weil sie eine Einladung zu einem Klassentreffen ihrer ehemaligen Abiturstufe erhalten hatte. Da hatten wir auch eine Flugthematik bei einem sonntagnachmittäglichen Kaffeekranz im Hause meiner Eltern.

»Wie lang ist eigentlich die Flugzeit von Leipzig nach Moskau?«, fragte ich damals im Anschluss.

Meine Schwester dachte kurz nach, dann sagte sie: »Das richtet sich nach den herrschenden Witterungsverhältnissen. Auf jeden Fall unter drei Stunden. Beim Herflug nach Leipzig waren es sogar nur zweieinhalb.«

»Außerdem kommt es natürlich auch darauf an«, ließ ich den Klugscheißer heraushängen, »ob du mit oder gegen die Erdrotation fliegst.«

Also unter uns, ich habe keine Ahnung, ob das stimmt, aber es klingt logisch für mich und hört sich auf jeden Fall erstmal nach einer fundierten wissenschaftlichen Erklärung an.

Meine Schwester nickte mir damals zu und erwiderte: »Also das ist selbstverständlich...« Und dann unterbrach sie sich kurz und fügte schließlich noch lächelnd an: »kompletter Unsinn«. Als Nächstes nippte sie an ihrer Kaffeetasse, anschließend sagte sie: »Ich bin mal von Frankfurt nach Boston geflogen, also gegen die Erdrotation, und der Flug hat fast eine Stunde länger gedauert als umgekehrt. Solchen Debatten durfte ich schon öfter beiwohnen und deshalb habe ich es irgendwann mal gegoogelt.«

»Und?«, fragte ich.

»Die Corioliskraft soll wohl eine Rolle spielen«, fuhr sie fort. »aber wie das genau funktioniert, weiß ich nicht und es interessiert mich eigentlich auch nicht.«

»Aber ich weiß, wie das funktioniert«, meldete ich mich zu Wort. Sie würgte mich jedoch sofort ab, indem sie sagte: »Jetzt kommt bestimmt wieder dieser Mist, den alle erzählen, die diese Folge der Simpsons gesehen haben. Dass der Corioliseffekt bewirken würde, dass das Wasser auf der nördlichen Halbkugel andersherum abfließe, als auf der südlichen Halbkugel.«

»Wieso Mist?«, rief ich damals empört. »Das stimmt hundertprozentig.«

»Nein, stimmt nicht«, entgegnete meine Schwester gelassen. »Der Effekt ist so gering, dass er absolut keine Wirkung auf die Flussrichtung des Wassers hat. Und das weiß ich auch nur so genau, weil Malvin deswegen extra einen Videochat mit seinem Kumpel in Australien abgehalten hat. Zum Beweis haben die beiden totz fünfstündiger Zeitverschiebung, gleichzeitig vor laufender Kamera und zu meinem Ärger im Stehen, in die Kloschüssel gepinkelt. Und siehe da?« Sie machte eine theatralische Geste, als wollte sie die Hauptattraktion des Tages ankündigen. »Das Pipi lief, zumindest laut Malvins Aussage, bei beiden Teilnehmern dieser Studie exakt in die gleiche Richtung ab.«

»Was soll man denn da noch argumentieren?«, nölte ich übertrieben dramatisch herum. »Wenn du wegen so einer winzig kleinen Ungereimtheit meinerseits gleich in so eine aggressive Beweisführung trittst?«

»Ich wollte nur verhindern«, sagte meine Schwester grinsend, »dass du uns mit einer deiner kruden Theorien überrennst.«

Meine Frau grinste natürlich ebenfalls und fügte noch hinzu: »Und das Ganze zu allem Überfluss mit einer völlig abstrusen Argumentation untermauerst.«

»Verschwörung«, meckerte ich mit dünnem Stimmchen extra in die Länge gezogen, um dann im selben Tonfall meine neuen Lieblingssilben zu gebrauchen: »J`accuse. - Ich klage an.« Danach posaunte ich: »Was ihr aber alle nicht bedacht habt, außer der Herr Kommissar natürlich, ist, dass wir uns auf der Nordhalbkugel befinden und Australien liegt auf der Südhalbkugel. Und aufgrund dieser Spiegelung, läuft bei denen das Pipi eben doch anders herum ab. Trara!«

»Papa erzählt Quatsch«, rief Junior. Dann lachte er laut und flitzte aus dem Wohnzimmer.

»Was für ein hochintelligentes Bürschchen?«, applaudierte meine Schwester, dieses Aas.

»Er kommt ja auch nach mir«, stimmte meine Frau zu.

Ich tat so, als fiele ich urplötzlich in einen Sekundenschlaf. Ich ließ meinen Kopf nach hinten kippen, zog eine blöde Fresse und sonderte Schnarchgeräusche ab.

»Wärst du eigentlich noch länger in Tadschikistan geblieben, wenn du gekonnt hättest?«, hörte ich meine Frau fragen.

»Auf keinen Fall«, antwortete meine Schwester. »Dann wär ich höchstwahrscheinlich verblödet.«

»Wieso das denn?«, spielte ich den plötzlich Aufgewachten und mischte mich ein. »Es schien mir insgesamt ziemlich easy in dem Land zu sein.«

»Es war dann irgendwie jeden Tag das Gleiche«, entgegnete meine Schwester. »Wir sind überall gewesen. Dank Freunden und Verwandten sogar häufiger. Es gab nichts Neues mehr zu entdecken. Wir hatten nicht viel zu tun, dafür umso mehr Langeweile. Wir sind in Restaurants zum Essen gegangen oder veranstalteten abwechselnd Spiele- oder Videoabende, weil wir nicht wussten, was wir sonst machen sollten. Aber irgendwann hatten wir alle Lokale durch und kannten sämtliche Kneipen in Duschanbe inklusive einiger Lebensmittelvergiftungen.«

(Nähere Erläuterungen hierzu in: »Du nimmst besser einen Ofen mit« erschienen 2017 im traveldiary verlag)

»Das stelle ich mir echt grauenhaft vor«, feixte ich.

Sie ging nicht darauf ein und sagte: »Und dann dieses ewige Hickhack mit den einheimischen Behörden. Ständig herumtelefonieren, drohen, bestechen, in den Hintern kriechen, nur damit die endlich ihren Scheißjob machen und irgendetwas vorwärtsgeht. Das geht einem wirklich extrem auf die Nerven.«

Sie unterbrach sich kurz, um sich zu beruhigen, dann redete sie weiter: »Sicher, es hat auch Vorteile, wenn du in ein Land wie Tadschikistan versetzt wirst. Du kannst dir ordentlich etwas auf die Seite packen. Du kannst machen, was du willst, du kriegst dein Geld nicht alle, so billig, wie das da alles ist.«

Sie hielt wieder kurz inne, dann sagte sie, während sie grinste: »Aber das wiegt es nicht auf. Das Allerschlimmste ist, die sind da alle so dämlich. Auch, wenn das vielleicht politisch inkorrekt ist«, und dann speziell in meine Richtung: »Und du sparst dir jetzt dein albernes *J'accuse*, aber jeder, der vier Jahre in Tadschikistan oder direkt in Duschanbe gelebt hat und etwas anderes behauptet, ist ein Lügner oder steht unter Drogen.«

»Wie sieht es aus in Usbekistan?«, fragte meine Frau. »Ist es da anders?«

»Frag mal deinen Mann«, antwortete meine Schwester. »Der war ja auch schon dort.«

»Ja, aber ich war da nur eine Woche«, mischte ich mich ein. »Und Land und Leute kamen mir eigentlich sehr sauber und modern vor.«

»Es ist schon ein anderes Niveau in Usbekistan«, räumte meine Schwester ein. »Die haben auch Geld, das merkt man. Aber glaubt mir, wenn du ein paar Jahre in der Gegend lebst, verschwimmt es irgendwie, ob du gerade in Tadschikistan, Usbekistan, Afghanistan oder Pakistan bist. Das kommt dir alles gleich vor.«

Als ich dies hörte, kam mir eine Story ins Gedächtnis, die mir vor vielen Jahren ein Soldat berichtete, der mehrere Einsätze im Kosovo während des Balkankrieges hatte. Er erzählte mir sinngemäß: »Wenn du in einem rückschrittlichen oder unterentwickelten Land als sogenannter Befreier auftrittst, aber die Einheimischen wollen dich eigentlich gar nicht und du erkennst jeden Tag ihre Abneigung oder ihren Hass ein Stückchen mehr, dann wächst kongruent dazu dein eigener Hass auf die dortige Zivilbevölkerung. Das ist zwar nicht besonders schön, aber du kannst nichts dagegen tun.«

»War das bei dir so ähnlich?«, fragte ich, nachdem ich allen Anwesenden diese Geschichte kundgetan hatte.

Meine Schwester dachte kurz nach, dann sagte sie: »Das klingt zwar ganz schön heavy, aber unterschreibe ich sofort.«

An dieser Stelle reichte ich ihr den ausgedruckten Leserbrief eines empörten Kritikers, der mein letztes Buch gelesen hatte, in dem die herrschenden Verhältnisse in Tadschikistan und Usbekistan eine Rolle spielen.

Sehr geehrter Herr,

im Herbst letzten Jahres bereisten wir Usbekistan und waren rundum zufrieden mit Land und Leuten.

Als ich Ihr Buch »Du nimmst besser einen Ofen mit« entdeckte, freute ich mich sehr auf einen Bericht aus dem von uns besuchten Land zu lesen, der nicht von Daten und Zahlen strotzen sollte, vor allem als ich las »Lachtränen garantiert!« Wir lieben Berichte, die nicht so ernst und bieder geschrieben sind.

Tränen kamen uns ja, aber vor Wut und Zorn, es war uns zum Weinen zumute.

Da fahren vier in ein Land, das vor Reizen nur so strotzt, mit freundlichen, zuvorkommenden Leuten und verlangen, dass möglichst alles wie zu Hause ist. Es ist ja gerade der Reiz, wenn das Essen anders ist, die Straßen eben nicht so gepflegt wie jetzt in der ehemaligen DDR, überraschende unbeleuchtete Lkws, unbeleuchtete Tunnel (können Sie übrigens auch im »zivilisierten« Norwegen erleben.)

Das gehört zum Abenteuer. Schlägernd (es sind sogar Polizisten dabei) und saufend tragen sie zum schlechten Ruf der deutschen Touris bei, den sie bereits in anderen, vom Tourismus versauten Ländern haben. Man sollte es nicht für möglich halten, früher nicht aus ihrem Staatsgefängnis hinaus kommend, benehmen sie sich wie die »Besserwessis«, als die im Osten der Republik einfielen.

Ich besuchte in meinem Leben rd. 50 Nationen, in denen ich mich dann Land und Leuten angepasst habe, aber keines hat mir so gut gefallen wie Usbekistan.

Wie oben bereits erwähnt, haben wir nur nette, zuvorkommende Menschen erlebt in einem Land, in dem

Kriminalität nahezu unbekannt ist (außer man provoziert es).

Schade für das Papier, auf dem das Buch gedruckt ist.

Trotzdem noch freundliche Grüße

An dieser Stelle muss ich etwas Grundlegendes hinzufügen. Ich bin dankbar über jede Form von konstruktiver Kritik, egal ob positiv oder negativ, denn mein persönlicher Anspruch als Autor (oder Chronist, wie mich der eine oder andere in der Vergangenheit bereits tadelte) ist es: »Lieber kontrovers diskutiert, als gar nicht!«

Und ich habe mich entschieden, auf keinerlei Kritik zu reagieren, aber bei diesem Leserbrief musste ich eine Ausnahme machen, weil er für die nachfolgende Konversation innerhalb der Handlung dieser Geschichte eine wesentliche Rolle spielt.

Nachdem meine Schwester den Brief gelesen hatte, meine Frau kannte den Inhalt bereits, schüttelte sie erst ihren Kopf und lachte dann anschließend.

»Lass mich raten«, sagte sie. »Der Brief stammt aus den alten Bundesländern?«

Ich nickte und sie zeigte auf eine Stelle in dem Text und sagte: »Merkt man sofort. Das hier finde ich besonders amüsant. Früher seid ihr aus eurem Staatsgefängnis nicht herausgekommen. Herrlich.«

»Was der empörte Verfasser der Schrift allerdings nicht wusste oder nicht wissen wollte«, sagte ich, »war die Tatsache, dass wir bereits zu Regimezeiten nach Usbekistan reisen durften. Jene, welche das Glück oder genügend Geld oder Vitamin B hatten und an so einer Reise teilnehmen durften, waren auch allesamt begeistert. Soweit ich das durch Beteiligte, mit denen ich gesprochen habe, beurteilen kann. Und dies auch absolut zu Recht. Die Sehenswürdigkeiten sind überwältigend. Was die Usbeken damals zu jener Zeit nach eigener Aussage allerdings nur selten in ihrem Land gesehen haben, das waren westdeutsche Touristen. Denn die sind damals lieber woanders hingefahren.«

»Ja, genau«, pflichtete mir meine Schwester bei und lachte erneut. »Aber heutzutage finden sie es eben schick, in klimatisierten Reisebussen mit extra dafür abgerichteten Guides und nicht unbewaffnetem Personal zwei Wochen kreuz und quer durch die ehemalige Sowjetunion zu prügeln. Dann werfen sie den Einheimischen, die nicht selten von den Touristikunternehmen instruiert und geskriptet worden sind, ein paar Almosen vor die Füße, machen ein paar Fotos, kaufen ihnen irgendwelchen Plunder ab und dann aber schnell zurück in den Bus und nichts wie weiter. Irgendwann zurück in Deutschland auf ihrem Biobauernhof angekommen, langweilen sie dann ihre Kundschaft mit entzückenden Geschichten aus Mittelasien in einen Tiefschlaf. Darüber kann ich nur lachen. Erst, wer ein paar Jahre dort gelebt hat, dessen Urteil ist für mich auch von Belang.«

Danach wandt sie sich an mich und warf hinterher: »Und unter diesem Aspekt gesehen, Bruderherz, sei mir nicht böse, fand ich dein letztes Buch zwar durchaus unterhaltsam, aber doch etwas oberflächlich.«

»Ist vollkommen okay für mich«, sagte ich. »Damit kann ich leben, aber mein Anspruch ist ja auch *Light Entertainment* und nicht, einen seriösen stinklangweiligen Reisebericht zu verfassen oder geschweige denn einen Reiseführer oder irgend so einen Scheiß.«

»Ja, das habe ich dir auch schon mal gesagt«, funkte meine Frau herein. »Dein Buch ist für mich eher so eine Art geschriebenes Buddy-Movie. *(Das sind Filme, die meist im Komödien-Genre angesiedelt sind. Oft besteht eine Nähe zum Actionfilm und speziell auch zum Roadmovie.)* Die Länder, in denen es handelt, bilden nur die Rahmenhandlung.«

»Unter diesem Gesichtspunkt«, war meine Schwester jetzt wieder an der Reihe und wedelte mit dem Leserbrief herum, »ist es natürlich plausibel, dass so mancher Käufer das Ganze missversteht, weil er etwas anderes erwartet.« Sie zog ihre Stirn in Falten und fuhr dann fort: »Obwohl dieser Typ hier das Buch unmöglich komplett gelesen haben kann. Du machst ja nicht alles und jeden ständig schlecht. Es steht auch sehr viel Positives über diese ganze Bande drin.«

»Wie auch immer«, winkte ich ab. »Unterhaltsam ist die Kritik auf jeden Fall.« Dann grinste ich und sagte noch: »Auch wenn sie nicht gerade eine Brücke zwischen Ost und West schlägt.«

Anschließend saßen wir eine Weile da, tranken Kaffee und knabberten Gebäck. Irgendwann hörten wir Stimmen im Hausflur. Meine Eltern kamen zusammen mit unserem Junior von ihrem Spaziergang zurück.

»Schön, dass ihr endlich wieder da seid«, rief ich meiner Mutter zu.

»Hast uns wohl vermisst«, fragte sie.

»Ja, natürlich«, antwortete ich. »Irgendjemand muss schließlich das Abendessen vorbereiten.«

Nachdem ich dies geäußert hatte, lachten Junior, mein Vater und ich und die Frauen beschimpften uns dafür. Na ja, außer Junior. Den beschimpften sie nicht, weil er noch klein und außerdem so niedlich war.

Jedenfalls saßen wir Männer danach im Wohnzimmer herum und spielten mit Juniors *Hot Wheels*-Autobahn und die Frauen standen in der Küche und machten das Abendbrot.

Abspann! Flugzeug- und Sofageplapper.

Als wir damals auf dem Rückflug von Moskau nach Leipzig waren, fragte ich meine Frau, während Junior auf meinem Smartphone einen Kinderfilm ansah: »Habe ich dir eigentlich schon mal von der Russischlehrerin in der Pionierrepublik »Wilhelm Pieck« am Werbellinsee erzählt, wo ich 1987 als Zwölfjähriger gewesen bin, genau in dem Jahr, als Lok Leipzig gegen Ajax Amsterdam im Europacupfinale stand?«

»Ja, hast du«, antwortete meine Frau und dann sagte sie: »Schon mindestens 50 mal!«

»Ist doch egal«, entgegnete ich und fing an zu erzählen.

»Da war also diese Russischlehrerin in der Pionierrepublik, damals, während des herrschenden DDR-Regimes, die meinen Kumpel D.S. und mich nicht leiden konnte. Wir waren ihr wohl nicht kommunistisch elitär genug. Und es musste ihr außerdem ein Dorn im Auge gewesen sein, dass wir nicht aufgrund einer Auszeichnung für besondere schulische Leistungen abgeordnet waren wie die meisten der damals anwesenden Vollnerds, sondern für eine außerordentliche sportliche Leistung. Mein Kumpel D.S. fürs olympische Ringen und ich fürs Sportschießen. Und dass ich auch nur der Ersatzmann für einen anderen Sportschützen war, dessen Vater als verkappter Alt-Führer mit der herrschenden Partei nichts zu tun haben wollte und verlautbaren ließ, dass sein Junge auf keinen Fall in solch ein Rotes Bonzenlager fahren würde, war für die Lehrerin ein Gipfel der Unverschämtheiten.

Als mein Kumpel D.S. während einer ihrer Unterrichtsstunden die ach zu einseitigen Geschichtsdarstellungen in Zweifel zog, sah sie uns naserümpfend und mit einer Gesichtsmimik an, als seien wir Ungeziefer oder so etwas Ähnliches und presste anschließend hervor: »Also, was Ihr beiden hier zu suchen habt, werde ich wohl nie begreifen!«

Ich weiß noch, dass ich mich damals sehr schlecht wegen dieser Äußerung fühlte.

Eine Woche später brachte die Russischlehrerin ihren Mann mit zum Unterricht. Einen hochdekorierten Offizier der Nationalen Volksarmee der DDR, der uns aus seinem Leben berichten sollte. Dies gelang ihm aber irgendwie nicht. Er war feuerrot im Gesicht, wankte hin und her, musste sich ständig am Schreibtisch festhalten und schlief andauernd im Stehen ein.

Auf die Aussage der Lehrerin, die sichtlich peinlich berührt war, ihr Mann wäre schwer krank und darüber lache man auch nicht, entgegnete mein Kumpel D.S.: »Der ist nicht krank, der ist besoffen! Und das früh um acht und das erzähle ich zu Hause auch überall rum!«

Ich weiß noch, dass ich damals all meinen Mut zusammennahm und hinterherwarf: »Und was der hier verloren hat, werden wir wohl nie begreifen.«

»Ja, so war das, mein Schatz«, sagte ich zu meiner Frau, während das Flugzeug aufgrund leichter Turbulenzen durchsackte, sich kurz darauf aber gleich wieder stabilisierte. »D.S. wurde übrigens zwei Tage später vorzeitig von seiner Mutter abgeholt während ich bis zum Schluss im Lager bleiben musste. Bis zur Befreiung durch die Alliierten sozusagen.«

Meine Frau, die aufgrund der wetterbedingten Vibrationen aus ihrem Schläfchen erwacht war und auf einmal wieder putzmunter in die Gegend hineinguckte, tat natürlich so, als ob sie mir die ganze Zeit zugehört hätte, und suchte die Flucht nach vorn, indem sie entgegnete: »Hab ich dir eigentlich schon mal die Geschichte erzählt, als meine Oma nach dem Krieg das erste Mal so eine Art Rindsgulasch machen wollte?«

»Nein, hast du nicht«, antwortete ich und drehte mich neugierig in meinem Sitz in ihre Richtung.

»Laut Omas Aussage war es wie gesagt kurz nach dem Krieg und es war in Pommern«, fing sie an zu erzählen. »Also der Russe war schon da. Oma, damals noch ein junges Mädchen, fand eine Handgranate im Wald und warf sie auf eine Weide. Dort soll wohl eine Kuh gestanden haben. Diese guckte noch erschrocken, käute ein letztes Mal wieder, ein finaler Fladen fiel auf die Wiese und Bum, das war´s! Ruckzuck in der Gegend verteilt, das Rindvieh. Anschließend lief die Oma weg. So war das. Ende der Geschichte. Gut, nicht?«

»Oma hat eine Kuh gesprengt?«, fragte ich skeptisch, aber nichtsdestotrotz amüsiert.

»Jup«, antwortete meine Frau und fuhr fort: »Und nachdem sie es uns erzählt hatte, musste ihr wohl bewusst geworden sein, dass sie soeben eine Straftat zugegeben hatte, denn sie fügte dann schnell noch hinzu, dass die Kuh vorher schon tot war und sie hätte sich da nur falsch ausgedrückt. Mein Vater hat sie dann gefragt, ob die Kuh wirklich schon tot war oder nur tot aussah.«

»Und was hat Oma geantwortet?«, fragte ich gespannt und musste grinsen.

»Sie hat geantwortet, ja, das wisse sie jetzt auch nicht mehr so genau, denn das wäre schon so lange her, aber sie glaube schon, dass die Kuh bereits vorher tot war, denn die hätte so komisch dagestanden.«

Ich konnte nicht mehr an mich halten und brüllte laut los vor Lachen.

»Herrlich, die Oma«, sagte ich, nachdem ich mich beruhigt hatte.

Dann fiel mir eine Kriegsgeschichte ein, welche mir der Opa, als er noch lebte, erzählt hatte und die war, im Gegensatz zur gesprengten Kuh, alles andere als lustig.

»Also, wenn wir durch unsere Ferngläser gesehen haben, der Russe lässt sich volllaufen, dann wussten wir gleich, er kommt am nächsten Morgen und greift uns an«, hieß es da.

Außerdem klärte uns der Opa über den Mythos auf, weshalb auf einen deutschen Soldaten 25 tote Rotarmisten kamen. »Das war ganz einfach«, erzählte er. »Wir haben die geschafft, nicht etwa, weil wir irgendwelche heroischen Überkräfte hatten, sondern weil die meisten von denen nicht bewaffnet waren. Die sind einfach wie eine Horde brüllend auf uns zugerannt und wir haben die mit unseren Maschinenpistolen niedergemäht. Die konnten ja auch nicht umkehren, die armen Schweine. Dann wären die von ihren eigenen Scharfschützen abgeknallt worden, die irgendwo im Hinterhalt lauerten und Befehl hatten, jeden zu erschießen, der nicht auf den Feind zuhielt.«

Eine Lautsprecherdurchsage riss mich aus meinen Gedanken und kündigte allen Passagieren an, dass die Maschine in den Landemodus auf den Airport Leipzig wechselte. Ich war wahnsinnig froh, kann ich Ihnen sagen, dass wir alle im Hier und Jetzt lebten und nicht etwa in einer menschenverachtenden feindlichen Umgebung wie etwa vor 80 Jahren oder so. Oder noch ein paar hundert Jahre zuvor. Als das Leben von Seuchen, Armut und Dreck bestimmt wurde. Und gestunken muss das überall haben. Ekelhaft! Nein, dann lieber doch solche Luxusprobleme wie heutzutage. Wie zum Beispiel *Man Bun*: ja oder nein? Oder steckt in jedem Vegetarier ein Diktator-Gen? Oder warum macht mein Scheiß Tesla keine ordentlichen Motorgeräusche, wenn er denn schon qualmt? Solche essentiellen Lebensfragen eben.

Ich beugte mich zu meiner Frau, gab ihr einen Kuss und fragte sie, ob sie mir bald mal wieder einen russischen Borschtsch mit ordentlich gesprengter Kuh darin zubereiten würde. Ich mochte diese Rote Bete Suppe.

Als ich fertig bin zu erzählen, der Morgen dämmert bereits und wir sitzen natürlich auch nicht mehr in meinem Auto, sondern im Wohnzimmer meines Hauses, die Damen sind zwischenzeitlich, immer noch um Fassung ringend – worüber ich mich nebenbei erwähnt, nach wie vor köstlich amüsiere - zu Bett gegangen, sagt Towarisch Penkov, während er den Rest des *Stolichnaya elite* Vodkas auf zwei Gläser verteilt und mir anschließend eines davon reicht: »Also, den Titel Ihrer Geschichte finde ich brillant. Beim Rest, na ja, Humor ist immer Geschmackssache.«

Ich tue so, als würde ich mir etwas in die Handinnenfläche schreiben und sage: »Okay, ich hab´s mir notiert.« Anschließend leeren wir unsere Gläser in einem Zug, er schaltet das Diktiergerät aus und erhebt sich von der Couch. Während er in Richtung Tür läuft, verabschiedet er sich mit den Worten: »Ich werde jetzt eine Runde schlafen und danach meinen Bericht über Sie anfertigen. Wir sehen uns später.«

Dann dreht er sich noch einmal in meine Richtung und sagt: »Ach so, der Gefallen, um den Sie mich vor einiger Zeit gebeten hatten, und der in dieser Geschichte hier noch keine Erwähnung fand, falls irgendein Leser darin klugscheißerisch eine Ungereimtheit zu erkennen glaubt.«

»Was ist mit dem Gefallen?«, frage ich.

»Wir haben die Namen und die Adressen der Personen ausfindig gemacht.«

»Und?«

Penkov kratzt sich an der Stirn und erwidert: »Die Sache ist die, meine Leute sind der Ansicht, einige der besagten Personen haben einen ziemlichen Dachschaden. Eine leichte Tracht Prügel dürfte allerdings genügen, um sie zur Vernunft zu bringen. Wie sollen wir jetzt weiter verfahren? Etwas unternehmen oder die Sache auf sich beruhen lassen?«

Ich überlege einen Moment, dann antworte ich: »Das habe ich noch nicht entschieden.«

Towarisch Penkov nickt, dann verschwindet er durch die Tür. Als er fort ist, gehe ich hinaus auf die Terrasse und genieße den Sonnenaufgang. In seliger Ungewissheit all der Dinge und Prüfungen, welche die Zukunft und die Götter noch für uns bereithalten.

Vielen Dank an meine Familie, meine Freunde, jene da ganz weit oben und an meine Feinde.
Ihr treibt mich allesamt vorwärts.
Und denkt stets daran, was am Allerwichtigsten ist:
Immer schön blöde Fresse ziehen!

Qellenverzeichnis:

Internet
Wikipedia
Online Nachrichtendienste
YouTube
Seriöses Hörensagen

Was braucht man mehr?

Andere Titel des Autors:

Verse von Licht & Schatten (2012)
Am Wasser wird es überall kalt (2014)
Du nimmst besser einen Ofen mit (2017)

Demnächst im redhouse verlag:

Ralf Gertke
Aus dem Tagebuch eines schwererziehbaren Erziehers

Anmerkung des Autors:
Manche der beschriebenen Ereignisse sind aus dramaturgischen Gründen übertrieben dargestellt. Ich möchte betonen, dass es zu keinem Zeitpunkt meiner Laufbahn als Erzieher zu Personenschäden an Schutzbefohlenen kam, gekommen ist oder kommen wird.

Kapitel 15: Spätes Hippy End

Es war fünf Uhr morgens. Todmüde wachte ich auf. Als ich die Augen aufschlug, verschlang mich die Finsternis beinahe. Bis tief in die Nacht hinein hatte ich noch Berichte geschrieben, gefühlt befand sich kein Sauerstoff mehr in meiner Birne. Ich lag völlig orientierungslos im Erzieherzimmer. Und mir war so schlecht – ich spürte, dass hartnäckige Viren mein Immunsystem angriffen.

Bis heute hasse ich jede Art von Männerschnupfen. Trotz der Einschränkung vermochte ich zwei lästige Stubenfliegen zur Strecke zu bringen. Mein Jagdinstinkt hatte mich noch nicht verlassen. Der schwererziehbare Kämpfer in mir meldete sich glücklicher Weise zurück.

Ich fror. Für die Uhrzeit eigentlich kein normaler Zustand. Mist! Die Heizung war kalt und dazu alles dunkel. Stromausfall?

Oh nein!

Oh doch?

Ich fand eine Kerze und brachte etwas Helligkeit in den düsteren Raum. Mir blieb nichts anderes übrig, ich musste nachsehen, was hier los war. Den Weg zur Haustür meisterte ich auch ohne viel Licht. Ich öffnete sie und erschrak. Schneechaos! Das konnte doch wohl nicht wahr sein! Was war passiert?

Über Nacht hatte es unglaublich geschneit. Die Haustür war total zugeweht, Wege und Straßen nicht mehr zu erkennen. Hastig weckte ich meine *Kids*.

»Mädels! Jungs!«, rief ich. »Ich brauche eure Hilfe, wir sind völlig eingeschneit.«

So schnell waren meine Schützlinge noch nie aus den Betten geflüchtet und in ihre Klamotten gesprungen. Zähneputzen fiel aufgrund dieser Katastrophe erst mal aus. So etwas konnte man getrost nach hinten verschieben.

Alle, wirklich alle packten mit an und schaufelten das Gelände frei. Ich dachte: *Welch ein Glück. Ich komme doch pünktlich nach Hause.* Denn auch dort warteten sicherlich noch einige Schneearbeiten auf mich.

Mitten im Frühsport bekam ich die ‚motivierende' Information, dass die Schule ausfiele und der schwererziehbare Erzieher noch eine Schicht anhängen dürfe. Meine Begeisterung hielt sich in Grenzen. Um die Schneemassen vor meiner eigenen Haustür würde sich jemand anderes kümmern müssen. Im südwestlichen Landkreis der angeblichen Frühaufsteher drehte sich kein Rad mehr. Alle Straßen galten als unbefahrbar.

Wir waren noch beim Schippen, da kam die nächste Nachricht. Diesmal aus dem Büro. Jemand wollte mich angeblich unbedingt sprechen. Erfahrungsgemäß konnte das nichts Gutes bedeuten.

Nein, dachte ich, *heute nicht! Nicht nach dieser Nacht.*

Ich hatte echt keine Lust auf anstrengende Gespräche. Ich ergab mich meinem Schicksal, überließ die Schützlinge ihrer körperlichen Betätigung und ging ins Büro. Auf dem Weg kam mir eine der Mitarbeiterinnen entgegen. An ihrem Schritttempo erkannte ich, dass sich meine Vermutung mit dem anstrengenden Gespräch bewahrheitet hatte. Eindringlich sagte sie mir, dass ein ehemaliger ‚Klient' unbedingt mit mir reden müsste. Aus Spanien.

Wirklich? Aus Spanien?

Ich überlegte hin und her. Keine Ahnung. Wer konnte das sein? Mit dem spanischen Namen Fernando wusste ich auch nichts anzufangen, außer dass dort offenbar jeder Dritte so hieß. Meine Kollegin Fanny, die gemerkt hatte, dass ich etwas genervt war, redete beruhigend auf mich ein:

»Entspann dich, Ralle, der Typ ruft um elf nochmal an.«

Fanny war und ist eine der nettesten Frauen, die ich kenne. Also wartete ich auf jenen ominösen Anruf und putzte währenddessen die Medaillen und Pokale in meinem Büro. Die Schneeräumarbeiten waren zwischenzeitlich beendet worden und meine Kids wurden anderweitig beschäftigt.

Pünktlich um elf klingelte das Telefon. Ich meldete mich ordentlich. Darauf schallte mir eine Stimme vom anderen Ende entgegen. Der Dialekt und dieses komische Gerede, halb Spanisch, halb Deutsch, klangen so albern – wäre ich nicht so müde gewesen, ich hätte vermutlich vor Lachen den Hörer weggeschmissen. So aber begann ich mich ernsthaft zu fragen, ob ich hier gerade verarscht werden sollte.

Jedenfalls redete mein unbekannter Gesprächspartner die ganze Zeit, ohne Luft zu holen, und die schlechte Verbindung erledigte ihr Übriges. Ich hatte nach wie vor keinen Dunst, wer sich da auf der anderen Seite des Hörers versteckte.

Der junge Mann, das wusste ich jetzt, erzählte mir erlebte Geschichten, die ich schon lange vergessen, oder besser gesagt, verdrängt hatte. Eigenartigerweise schilderte er sie bis ins kleinste Detail.

Auf einmal sagte dieser freche Hund am anderen Ende doch tatsächlich zu mir: »Ey Homie, ich meine guter Herr Erzieher, sie müssten doch so langsam in einem Alter sein, wo das Kacken mehr Spaß macht als der Sex, oder?«

»Junge, da haste verdammt recht!«, erwiderte ich gespielt entrüstet. »In meinem Alter ist das Zölibat ein Segen.« Danach philosophierte ich ironisch weiter: »Und im Zölibat muss der schwererziehbare Erzieher nicht heiraten.«

»Ja, ja«, legte der fremde junge Mann nach, »das können sie den Jungs mit der Zwangsjacke erzählen.«

Auf einmal fiel es mir wie Schuppen von der Glatze.

Es war Hippy!

Also diesen ‚tollen' Menschen wollte ich eigentlich nie wieder sehen oder riechen oder, wie in jenem Fall, eben hören. Der Junge hatte einfach das ganze Programm drauf, was einen Sozialarbeiter aus der Fassung drehte beziehungsweise ein nervöses Zucken in die Augenlider trieb.

Oh nein, dachte ich, *dieser Typ ist jetzt am Telefon? Was soll das hier werden?*

Augenblicklich schossen Erinnerungen in mein Hirn, die ich vor vielen Jahren tief begraben hatte, in der Hoffnung, dass sie nie wieder zurückkehren würden:

Dieser, mein ehemaliger Schützling, wusste genau, welche Knöpfe er drücken musste, damit die verantwortlichen Betreuer explodierten. Auch ich als schwererziehbarer Erzieher hatte immer Probleme mit meinem Hippy. Der Junge hatte so einige Raketen abgefeuert, die, bis auf sehr wenige Ausnahmen, nicht lustig waren.

Hippy hatte sämtliche psychiatrische Kliniken im Einzugsbereich von 200 Kilometern besucht, meistens im geschlossenen Bereich. Er hat die Schule geschwänzt und die Lehrer zur Weißglut gebracht. Dieser Mensch hatte in den Supermärkten gezeigt, was alles herauszuholen war. Er erpresste andere Kinder und verprügelte sie nicht selten. Er suchte sich Opfer und nutzte seine Körperlichkeit brutal aus, um Vorteile in allen Bereichen des Lebens zu erzielen. So erpresste er Zigaretten, Alkohol, Geld, Mobiltelefone und andere elektronische Geräte. Das ganze Programm.

Er war damals gerade 15 Jahre alt und ein Meister der Provokation. Hippy machte vor keinem Halt, auch nicht vor mir. Was für eine Frechheit! Er schlug gerne einige meiner Kollegen und hin und wieder sogar auch mal einen Polizisten. Seine Unberechenbarkeit war einfach nicht zum Aushalten, die extremen Stimmungsschwankungen nie so richtig zu erklären. So gab es Momente, in denen man sich ganz gut mit dem Jungen unterhalten konnte. Dann wiederum gab es Tage, da dachte ich, der Teufel persönlich hätte sich in Hippys Seele gefressen. Wer ihn erlebte, der brauchte sich keinen Psychothriller reinzuziehen. Der junge Mensch lieferte Dramatik pur.

Er war eigentlich ganz sportlich, mit einer raffinierten Mischung aus Straßenschläue und unbändigem Egoismus. Er wollte sich tagelang nicht duschen, weil er der Meinung war: »Ein richtiger Mann muss riechen wie ein Pferd!« Aber der schwererziehbare Erzieher konnte nun mal nicht den ganzen Tag ausschließlich durch die Haut atmen.

Die Mutter hatte ihn schon längst abgeschrieben und für den Erzeuger wäre eine lebenslange Haftstrafe noch viel zu human gewesen, denn Hippy war das unfreiwillige Produkt einer Vergewaltigung. Tja, und so war das Ergebnis eben ein kleiner kaputter Hippy.

Als Kind musste er die körperlichen Auseinandersetzungen seines tyrannischen Vaters gegen seine Mutter live miterleben. Bilder, welche er nie wieder aus dem Kopf bekommen sollte. Traurig und unfassbar.

Alle Therapien waren gescheitert. So lebte der Junge in den Tag hinein und machte, was er wollte. Das Jugendamt kannte die Familienproblematik und eines Morgens wurde dieser junge, mit jeglicher Art von Narben übersäte, Mensch in unsere Einrichtung verlegt oder besser formuliert abgeschoben.

Aber für seine schrecklichen Erfahrungen konnten weder er noch ich etwas. Ein bisschen mochte ich Hippy und seine lustigen, verlogenen Geschichten. Der Baron Münchhausen hätte wahrscheinlich noch einhundert weitere Storys erzählen können. Trotzdem durfte man sein Verhalten nicht aufgrund der schlechten Kindheitserfahrungen rechtfertigen. Er trug das gleiche Muster wie sein Vater. Stellte man zum Beispiel einfache Forderungen an ihn, zeigte uns Hippy gekonnt, und stets mit provokantem Grinsen in der Larve, seinen blitzenden Mittelfinger. Eigenartigerweise bekam er niemals Muskelkater in dem Ding.

Meine Person war für Hippy allerdings ein sehr unangenehmer Verhandlungspartner. In seinen Augen war ich ein arroganter, sturer und nicht zuletzt schwererziehbarer Erzieher. Alles Tatsachen, die mich ein klein wenig stolz machten.

Dann flogen Bilder durch meinen Kopf. Mir fiel eine Situation ein, als Hippy im Drogenrausch mit einer Lötlampe die Küchentür abfackelte und anschließend sein Zimmer verwüstete, so wie Ozzy Osbourne zu Glanzzeiten.

Ich hatte das ‚wahnsinnige Glück', ausgerechnet zu jenem Zeitpunkt Dienst zu haben. Kurzzeitig schockiert und sprachlos stand ich der Situation gegenüber. Das Nächste, was ich mitbekam, war, dass Hippy in meine Richtung brüllte:

»Ey, Alter mach deinen Arsch ran!«

Dann stand er plötzlich vor mir wie ein aufgeblasener Vollpfosten und spuckte mich an.

Das war der Zeitpunkt, als der schwererziehbare Erzieher im Tunnel stand und innerlich vor Wut einem Atomreaktor glich, bei dem die Kühlung ausgefallen war. Meine Frustrationstoleranz war im dunkelroten Bereich. Ich zitterte am ganzen Körper und kalter Schweiß floss über meinen Rücken. Es dauerte noch ein paar Sekunden, dann hatte ich mich und die Situation wieder im Griff.

Hippy hatte nach wie vor enormen Spaß daran, die Küchentür mit der Lötlampe zu bearbeiten. Also versetzte ich dem rostigen Ding einen gezielten Fußtritt, worauf die Lampe nicht nur aus seinen Händen flog, sondern zum Glück auch sofort erlosch. Anschließend schnappte ich mir Hippy und schleuderte ihn durch die Küche, gleich einer Putzkraft, die etwas zu übermotiviert ihren Wischmob schwang. Ich glaube, Hippy hatte damals jeden Millimeter und jede Ecke des Raumes ausgemessen und inspiziert.

Ich brüllte irgendwelchen Mist, um meinen Frust deutlich zu machen. Mir war gar nicht bewusst, wie viel Aggressionspotential in mir steckte. Hippy flog weiter von rechts nach links und von oben nach unten. Er torkelte durch die Küche bis ins Wohnzimmer. Auf einmal schrie er:

»Hey, hey beruhigen Sie sich, ich bin wieder normal! Bitte, bitte hören Sie auf!«

Ich kam seinem Wunsch nach, es wurde eine Sekunde still, dann flennte Hippy so herzergreifend als hätte man ihm eines seiner drei Handys weggenommen.

»Du kleiner Teufel!«, presste ich hervor. »Ich kann nicht mehr, du machst mich fertig.«

»Sie sind ein Scheißgegner«, schluchzte Hippy.

Nachdem wir uns irgendwann beruhigt hatten, mussten wir jedoch grinsen.

Ich glaube, zwei Wochen hielt diese, zugegebenermaßen etwas unorthodoxe, Küchentherapie an. Hippy war lieb und zahm. Er machte sein Ding und blieb relativ unauffällig. Doch dann ging es wieder los. Schulsuspendierung, Schulden, Lügen, Drogen und andere kriminelle Geschichten. Einfach alles vom Feinsten. Beinahe jeden Tag knallte und brannte es irgendwo. Hippi rockte immer mehr und immer weiter. Ich brachte ihn zur Entgiftung, in die Psychiatrie und zur Drogentherapie. Danach hatte ich nie wieder etwas von ihm gehört.

Dieser Typ, Hippy, unschlagbar auf der Playstation, aber unbelehrbar im Alltag. Diesen Menschen wollte ich nie wieder sehen. Aber nun, Jahre später, blubberte er hier am Telefon. Er sprach überraschenderweise ruhig und langsam:

»Hallo Herr Gertke, können Sie sich an mich erinnern? Ich war der, der immer Blödsinn gemacht hat oder besser gesagt, eines dieser typischen brechreizfördernden Exemplare.«

»Ach was? Ehrlich?«, spielte ich den leicht Empörten. Dann sagte ich: »Ja, ich kann mich an dich erinnern. Was machst du so und wie geht es dir?«

Und Hippy quasselte drauf los. Er sei jetzt Straßenkünstler, wäre verheiratet, habe zwei Kinder und eine liebe Frau. Er trete bei Geburtstagsfeiern auf, könne Feuer spucken und ein wenig Zauberei wäre auch dabei.

»So etwas haben Sie doch früher auch gemacht, Herr Gertke, stimmt´s?«

Ja, das stimmte. Hippy konnte sich an viele Sachen erinnern, die ich schon längst begraben hatte. *Respekt!*, dachte ich beeindruckt. Dann sprach er weiter:

»Aber deshalb rufe ich nicht an. Ich wollte mich bei ihnen bedanken, weil Sie so viel Verständnis für mich hatten und mich aushalten mussten und mir ab und zu mal in den Arsch getreten haben. Das war schon okay.«

Ich dachte, ich hörte nicht richtig, als er nachlegte und weitererzählte:

»Sie waren sehr beharrlich und konsequent, wenn ich mal wieder den Affen gemacht hatte. Vielen Dank dafür. Ich war ein Arschloch und möchte mich für mein Verhalten von damals entschuldigen. Ich hoffe, Sie nehmen diese Entschuldigung an?«

Ich konnte es nicht fassen! Damit hatte ich wirklich nicht gerechnet. So schmetterte ich lautstark in den Telefonhörer:

»Junge, Hippy, hättest du nicht früher aufwachen können? Ich habe dich gehasst und war froh, als du weg warst!«

Nach einer kurzen Pause fügte ich seufzend hinzu:

»Na gut, Ende im Gelände, mach dein Ding und pass gut auf dich auf. Entschuldigung angenommen.«

Ich fragte ihn noch, wo er die Lötlampe her hatte, aber er wusste nichts mehr und konnte sich überhaupt nicht an die Geschichte erinnern. Das wunderte mich nicht, so zugedröhnt wie er damals als Jugendlicher war.

Heute kommuniziere ich mit Hippy über Facebook. Wir tauschen neue und coole Straßentricks aus und senden uns Glückwünsche zu den Feiertagen.

Ist das ein Hippy beziehungsweise Happy End? Aus meiner Sicht leider etwas zu spät. Hat in diesem Fall die Resilienz gesiegt? Soll ja öfter vorkommen.

Hippy, ich hoffe und wünsche mir, dass du ein guter Mensch wirst und bleibst, und dich weiterentwickelst.

Viel Glück dabei.

Leseprobe:

Dana Zimmer

Beim ersten Mal tut's immer weh.

Meine ganz persönliche Yoga-Äkspiriejenz.

-Auszug-
(erschienen im Selbstvertrieb – weitere Informationen zu Buch und Autorin zu erfragen unter info@redhouse-verlag.de)

Jung. Dynamisch. Zielorientiert.

Vor fünf oder sechs Jahren trieb mich die Neugier erneut in die Schule. Ich hatte bereits meinen Hang zur Fortbildung erwähnt. In einem Programm der hiesigen Volkshochschule entdeckte ich einen Kurs, der den bedeutungsschwangeren Namen *„Kundalini-Yoga"* trug.

Heute schreibe ich diesen Begriff fehlerfrei, ohne vorher nachzusehen. Ich sage euch, ich habe lange eine Vorlage zum Ablesen gebraucht, ehe ich die Aussprache ohne Weiteres hinbekam. Vom Merken oder Schreiben ganz zu schweigen. Nur von der Aussprache. Die erfolgreiche Übernahme ins Langzeitgedächtnis kam viel später.

Zur damaligen Zeit war ich beinahe einmal wöchentlich Gast in der KVHS, also in der Kreisvolkshochschule, wie die Einrichtung mit vollständigem Namen heißt. Und so ging ich vor meinem Englisch-Date ins Büro und fragte nach. Kommentarlos bekam ich eine Anmeldung gereicht, auf der alle Infos standen, die mich interessierten. Erklärungen waren nicht weiter notwendig, man kannte sich.

Was mich nicht überraschte, war die Tatsache, dass es eine Mindestteilnehmerzahl von zehn Leuten gab, sonst würde der Kurs nicht stattfinden. Ich kannte den Andrang für die Englischkurse und konnte mir daher beim besten Willen nicht vorstellen, dass es so schwer sein sollte, zehn Interessierte zu finden, die sich diverse Verrenkungstechniken antun wollten, noch dazu, wo Yoga voll im Trend lag. Es überraschte mich, dass es eine ganze Weile nicht klar war, ob der Kurs tatsächlich stattfinden würde. An mir sollte es jedoch nicht liegen, denn ich hatte eine Freundin verdonnert mitzumachen. Ergo hatte ich meinen Platz zu hundert Prozent übererfüllt, was beinahe an DDR-Verhältnisse grenzte.

Mit der Anmeldung bekam ich eine Liste mit notwendigen und erforderlichen Dingen überreicht, die ich mir bitteschön bis zur ersten Stunde besorgen sollte.

Hatte ich natürlich gemacht. Wenn ihr aber vorhabt, mal schnell eine Yoga-Matte im Geschäft nebenan zu kaufen, habt ihr euch schwer getäuscht. Nicht in einer Kleinstadt und schon gar nicht beim kleinen privaten Krauter. Da musste es ein Supermarkt mit Vollsortiment sein. Oder ein Ausflug in die nächst größere Stadt.

Gut, es ist kein Problem, eine etwas weitläufigere urbane Ansiedlung als unsere in einem Umkreis von 30 Kilometern zu finden. Aber erst das ganze Theater mit Rumkutschen, Parkplatz suchen (auf einen Ganztagesausflug mit den öffentlichen Verkehrsmitteln hatte ich keine Lust) und dann latscht man auch bloß ein Einkaufszentrum nach dem anderen ab und kommt mit tausend Sachen wieder raus, aber ohne Yoga-Matte.

Ich für meinen Teil hatte Glück, dass einer unserer Supermärkte eine gut sortierte Sportabteilung hatte, und siehe da, neben Fahrradreifen und Lego-Creator lagen die gewünschten Unterlagen. Eine reichte mir und die habe ich heute noch. In Froschgrün. Schöne Farbe. Lila und schwarz kann jeder, aber nicht froschgrün.

Die restlichen Sachen hatte ich zu Hause: eine legere Trainingshose, T-Shirt, Socken, Wolldecke. Etwas zu Trinken sollte man sich noch einpacken. Das alles passte in eine dieser übergroßen Einkaufstaschen vom Drogeriemarkt um die Ecke.

Und so stand ich zusammen mit meiner Freundin und zwölf oder dreizehn anderen Jüngerinnen zum benannten Termin vor den Toren der Volkshochschule, diesmal allerdings nicht zum Englischlernen, sondern zum Yogaturnen. Eine der Büro-Damen zeigte uns den für uns vorgesehenen Übungsraum.

Wie früher im Unterricht, wollte niemand zuerst den Raum betreten. Die Tür stand jedoch offen und gab einen ungehinderten Blick ins Innere frei. Gleich vorn lag eine ausgerollte Matte. Davor waren brennende Teelichter in gläsernen Behältern aufgereiht und der Mini-Stereo-Rekorder stand mit offenem CD-Deck bereit. Im rückwärtigen Teil hantierte eine junge Frau in ordentlicher Yoga-Kleidung in einem Korb herum. Von ihr konnte man erwarten, dass sie solche Sachen trug, immerhin machte sie das haupt-neben-beruflich.

Irgendeine hatte doch den Anfang gemacht und so gingen wir nacheinander im Gänsemarsch in den großen, mit Teppichboden ausgelegten Raum. Hier und da hörte ich ein schüchternes „Hallo“, während sich alle im hinteren Teil des Raumes zusammenpferchten. Jede schaute sich etwas verstohlen um, wahrscheinlich aus Angst, sich zu blamieren, weil sich herausstellen könnte, dass man selbst kein Profi war. Aber das Ding hieß nicht umsonst Anfängerkurs. Die anderen Teilnehmer gehörten im Übrigen dem weiblichen Geschlecht in Plus-Size an. Genau wie ich, aber das werdet ihr bereits an der femininen Wortwahl bemerkt haben, also dass es sich ausschließlich um Damen handelte.

„Legt eure Jacken da hinten auf den Tischen ab und zieht euch bitte um.“

Tische und Stühle waren an den Wänden übereinandergestapelt worden, so dass eine genügend große Freifläche vorhanden war, um uns auszubreiten.

„Sucht euch einen Platz für eure Matten, aber lasst etwa einen Armbreit Abstand. Ihr braucht nachher Platz.“

Nach und nach wurden die Matten ausgerollt, alle soweit weg wie möglich von der Kursleiterin. Und ich wusste es. Schwarz, lila, grau. Aber kein Froschgrün!

Die geistigen Pompons ließ ich vorsichtshalber in der imaginären Schublade, denn diese Erkenntnis war noch kein Grund zum Jubeln. Und wenn, dann nur ein klitzekleiner. Versteht einer uns Frauen.

Meine Freundin und ich trauten uns gemeinsam mit einer anderen Dame etwas näher heran.

Diesbezüglich zeige ich nur selten Scheu, denn ich will meist alles aus der ersten Reihe sehen und, in dem Fall, auch gut beobachten können.

Wenn ich mich recht erinnere, hieß unsere Trainerin Anja oder Nadine oder … ich weiß es wirklich nicht mehr genau. Als Erstes erklärte sie uns kurz, was wir hier überhaupt machen wollten. *Kundalini-Yoga.* Diese Yoga-Art habe ihre Wurzeln in Indien. Sie, also Cornelia oder Dunja, konnte den Namen schnell und fehlerfrei aussprechen, was ihr eine innere Verbeugung von mir einbrachte. Yoga sei verbreitet im Hinduismus und solle Körper und Geist zusammenführen.

Irgendwann, während des wirklich kurzen Vortrages, bin ich trotzdem ausgestiegen. Wir saßen alle im Yoga-Lotossitz für Anfänger, der sich Schneidersitz nennt, auf unseren Matten und mein Rücken fing an, vor Schmerzen zu wimmern, so dass ich alles andere um mich herum ausblendete. Ich redete mir im Stillen zu, dass ich mich nicht so anstellen und gefälligst zusammenreißen soll. Da bemerkte ich, dass es mir nicht allein so erging, denn nach zwei oder drei Minuten setzte eine leichte Unruhe unter den anderen Teilnehmerinnen ein, welches mit einem Geraschel und Herumgerutsche auf den Matten einherging.

Doris oder Melanie (oder doch Anja oder Nadine?), brachte ihre Einführungsrede schnell zu Ende. Offensichtlich hatte sie mitbekommen, dass sich die Aufnahmebereitschaft ihres Gegenübers in Grenzen hielt, sprich, niemand hörte ihr mehr zu. Kurzerhand drückte Ilse oder Rita die Play-Taste am CD-Spieler und es ertönte eine südöstlich angehauchte jammernde Dudelmusik. Und so begann meine erste Yoga-Stunde.

Lasst mich nochmal kurz abschweifen und etwas zum Thema 'Lotossitz' sagen.

Habt ihr das schon einmal probiert? Den Lotossitz? Das ist nicht einfach der Schneidersitz, den wir schon im Kindergarten gelernt haben, als wir uns zu Kreisspielen auf den Boden setzten. Schneidersitz ist kein Problem. Auch nicht für Leute mit etwas mehr auf den Hüften. Aber ab einem bestimmten Alter kommen neben 'Schulter', 'Rücken' oder 'Ellbogen' noch solche Sachen wie 'Knie' dazu. Wer 'Knie' hat, dem fällt es zusehends schwer, sich im Schneidersitz niederzulassen. Wenn wir also trotz 'Knie' oder anderer diverser Zipperlein endlich auf unserem Hintern sitzen und die Beine davor verschränken, haben wir einen großen Teil der Aufgabe geschafft und können erstmal tief durchschnaufen.

Atmen hilft übrigens, um den Schmerz zu vertreiben. Das kennt jede Hausfrau, die schon mal mit der Hand beim Beschöpfen der Ente die Temperatur der Innenseite des Backofens persönlich und hautnah überprüft hat. Da hilft neben kaltem Wasser tiefes Atmen. Vor allem, um den Schrei zu unterdrücken. Aber hey, es ging ums Knie.

Wer alles 'Knie' hat, erkennt ihr daran, wer beim tiefen Durchatmen im Schneidersitz das Gesicht zusammenzieht, als hätte er auf eine Zitrone gebissen. Irgendwann weicht die Fratze einem seligen Lächeln und die Augen gehen wieder auf. Allerdings dauert es in der Regel nicht lange und die Hutscherei fängt von vorne an. Denn wer 'Knie' hat, hat meist auch 'Rücken'. Mir fiel und fällt es zum Glück (noch) leicht, mich im Schneidersitz auf einer ebenen Unterlage niederzulassen. Aber was jammere ich hier eigentlich rum? Ich war beim Lotossitz.

Wir saßen also auf unseren Matten wie die Schneider und ich verglich meine Körperhaltung mit der unserer Lehrerin. Irgendetwas war bei ihr anders und ich machte mich daran, meine Körperhaltung mit der von Fanny oder Priscilla zu vergleichen.

Das war wie bei den Bildchen aus der *Frösi*, „Finde die 5 Unterschiede“. Heute werden solche Spielchen in diversen Frauenzeitschriften angepriesen. Ich meine die, mit den schnellen Tipps zum Hüftgoldwegzaubern, dicht gefolgt von den gehaltvollen Tortenrezepten, den Herz-Schmerz-Geschichten und den Rätselseiten. Am besten finde ich die ‚Dr. Sommer‘ – Seiten für Senioren. Die ehemaligen Bravo-Leser wissen, wovon ich rede. Heute fragen Mütter, warum sie noch keine Großmütter sind, obwohl ihre Lieblingsprinzessin doch so einen tollen Märchenprinz hat, oder was man tun kann, wenn der Nachbar plötzlich vor der Tür steht und eine Tüte Mehl borgen will. Die gleichen oder ähnliche Fragen wurden diesen Damen vor 20 Jahren vom freundlichen Doktor Sommer Team beantwortet und jetzt haben sie wahrscheinlich die Antworten nicht mehr parat. Was damals funktioniert hat, muss heute auch noch gehen. Aber ich war ganz woanders, nämlich beim Vergleich der Sitzpositionen. Entschuldigung.

Ich verfolgte also die Haltung der Beine von unserer Vorturnerin Marie oder Laura mit meinen Augen von ihrer Hüfte abwärts. Bei den Füßen bin ich hängengeblieben. Da war der Fehler.

Beim Schneidersitz sind die Füße unter die Oberschenkel geschoben. Beim Lotossitz liegen sie auf den Schenkeln oben drauf.

Nun bin ich keine Gummipuppe und werde auch nie eine sein. Spaßeshalber habe ich es zumindest mit einem Bein probiert. Der sofort einsetzende Krampf hat mich davor bewahrt, auch noch den zweiten Fuß auf den anderen Oberschenkel legen zu wollen. Und es war nicht nur ein Krampf. Das ging von der Fußsohle über eine beinahe Knöchelverrenkung mit gleichzeitigem Kniescheibenvorfall bis kurz vor den steinharten Wadenkrampf. Das braucht kein Mensch. Zum Glück schaffte ich es, mein verrenktes Bein rechtzeitig wieder auszustrecken, damit sich der Krampf lösen konnte.

Blöderweise bleibt man bei einer solchen Verknotung nicht einfach sitzen. Das wäre Quatsch. Nachdem ich also versucht hatte, mich aus dem halben Lotossitz zu befreien, bin ich einem Stehaufmännchen gleich auf die Seite gekippt. Und liegengeblieben. Zumindest solange, bis sich mein Zitronengesicht in die normale Ausgangsmimik zurückverwandelt hatte. Dann erhob ich mich langsam zurück in den Schneidersitz und blieb dort. Irgendwann hat man eben ein Alter erreicht, in dem man seine Fehler nicht 20 Mal wiederholen muss, ehe man daraus lernt.

Mein Publikum freute sich wie verrückt, dass sie nicht selbst darauf gekommen waren, den Lotossitz auszuprobieren. Denn natürlich verglichen alle ihre Beinhaltung. Aber keine traute sich, meinen Blödsinn nachzumachen. Außer einer. Und diese Person hatte es tatsächlich geschafft, in der Lotoshaltung sitzenzubleiben. Und dann hat sie getönt, wie bequem das doch sei. Hätte sie den Mund gehalten, wäre ihr eine Welle der Bewunderung entgegengeschwappt. So aber waren es Blicke, die ihr heimlich zugeworfen wurden. Die Art muss ich hier sicher nicht weiter beschreiben.

Die anderen hatten noch mein schmerzverzerrtes Gesicht vor Augen und hielten sich daher eher an die Variante des Schneidersitzes.

In jeder Gruppe gibt es eben einen Streber.

Wir fingen an und saßen, außer einer, im selbst gebauten Lotossitz unserer Vortänzerin gegenüber. Die Rücken sollten wir gerade halten (die ganz Rückenschwachen durften sich als Stütze die mitgebrachte Wolldecke unter den Hintern schieben), Hände auf die Oberschenkel, Daumen und Mittelfinger zusammenführen, Augen schließen und dann … tiiiief durch die Nase einatmen und laaangsam durch den Mund ausatmen.

Nach dem zweiten Mal traute ich mich, kurz in die Runde zu gucken, so mit einem halboffenen Auge. Und siehe da, ich war nicht die Einzige, die neugierig war. Zum Einen hatten alle, außer Miss Lotossitz, eine Wolldecke unter dem Hintern liegen, was schon mal beruhigend war. Offenbar hatte keine heimlich vortrainiert, um sich ein paar ordentliche Rückenmuskeln zuzulegen.

Auch Madam Lotossitz war neugierig und guckte verunsichert. Nur weil sie es geschafft hatte, ihre Beine zu verrenken, hieß das noch lange nicht, dass sie Yoga fehlerfrei beherrschte.

Ja, auch das Atmen war Yoga für mich. Ich hatte so etwas schließlich noch nie zuvor gemacht und deshalb war auch das ‚bewusste Atmen', wie es genannt wurde, eine durchaus anspruchsvolle und anstrengende Yoga-Übung. Immerhin tat mir immer noch der Rücken weh.

Es war beruhigend zu wissen, dass jede von uns durch die Gegend schielte und außerdem stand fest, dass alle auf dem gleichen Stand waren und demnach niemand sich für seine Unfähigkeit und Unkenntnis schämen musste. Dabei befanden wir uns, wie gesagt, erst beim Atmen.

Das würde noch jede Menge Potenzial bieten.

redhouse verlag, Hettstedt

www.redhouse-verlag.de

kontakt: info@redhouse-verlag.de

FSC
www.fsc.org
MIX
Papier | Fördert
gute Waldnutzung
FSC® C083411